「母性スイッチ」で最高の出産を

―ソフロロジーが導く安産と幸せな育児―

林　正敏

大宮林医院 院長

太田出版

まえがき

あなたらしい出産のお手伝いをさせてください

「母性スイッチ」を入れて、すてきな出産・育児にしましょう

この本を手にとってくださったあなたは、お腹の中に赤ちゃんがいてこれから出産を迎えようとしている方でしょうか。あるいはこれから妊娠・出産したいと望んでいる方でしょうか。またあるいは、ご家族や身近な人が出産を控えているという方でしょうか。

妊娠・出産への不安や恐怖心を和らげたい、安全に出産したい、できることなら苦しまずに出産したい、出産後の生活の不安をなくしたい、赤ちゃんとの日々を豊かなものにしたい――。妊娠を待ち望んでいる方や初めての出産に臨む方はもちろん、すでに妊娠・出産を経験したことがある方も、様々な思いを抱くものでしょう。

妊娠や出産という体験は、人生で何度あることかわかりませんし、なにより女性

の専売特許です。それゆえに、デリケートな問題がついてまわったり、社会のなかでは様々な論争が巻き起こってしまいがちです。もしかしたら、妊娠・出産に際して、つらい経験をされた方もいるかもしれません。

私は、産婦人科医としてこれまで約二五年間、たくさんのお母さんと赤ちゃんに出会い、約六千件の出産のお手伝いをさせていただいてきました。それぞれのお母さんたちの妊娠中から出産後までの姿を近くで拝見してきたなかで、「母性のスイッチ」が良い形で入っているお母さんは、出産そのものも育児も、前向きに臨むことができている方が多いという実感があります。一人でも多くのお母さんにそのような体験をしていただき、妊娠・出産、育児がご自身にとってかけがえのないものになったと感じてもらえたら、こんなにうれしいことはありません。

それはそうと、「母性のスイッチって、いったいなんのことですか？」と思われましたか。この本では、母性のスイッチがどんなものなのか、どうしたらオンにすることができるのか、私の経験を踏まえながらご紹介していこうと思っています。

「母性」の形は人それぞれでいい

　ところで、「母性」や「母性本能」という言葉は、「かわいい子犬の愛くるしさに母性本能をくすぐられちゃった」とか、「私って母性が足りないのかも」など、なにげない日常の会話でも使われています。このような表現は、母性は本能としてもともと備わっているという前提があるように聞こえます。あるいは、女性ならだれにでも母性があるものだと考えている人がいるのかもしれません。帝王切開や無痛分娩で陣痛を経験せずに出産したら、母性が育まれないのではないかと考える人もいるかもしれません（もちろん実際にはそんなことはありません）。

　こんなふうに、世の中には「母性」にまつわる思い込みのような考え方があって、それは時に残酷に、女性の心に突き刺さるのではないでしょうか。「子どもを産んだら母親らしくいなきゃいけない」「母親なんだからこうあるべきだ」と、頭でっかちに考え過ぎてしまったり、周囲からそのように期待された重圧で、心と体のバランスをうまく保てなくなり、がんじがらめになって悩んで苦しんでしまう場面もあるかもしれません。

「母性」というものが実際に存在するのか、科学的な事実がどうかということはさておき、母性は妊娠・出産や子育てのプロセスのなかで獲得していくものかもしれないし、母になる女性がその人らしくありのままでいること自体が母性なのかもしれません。いろいろなあり方があって良いと私は思っています。考え方や価値観は一人ひとり違って当然なのですから。

妊娠中は、思いどおりにいかない自分の体の変化と向き合い、それを受け入れ、ドキドキわくわくハラハラと複雑な気持ちを整理しながら出産のときを待っていることでしょう。もしかしたら、目先の仕事や家事が忙しくて、そこまで心に余裕がない方もいるかもしれません。けれど、この本を通じて、自分がどんなふうに妊娠中の生活を送り、どんな出産をして、どんなふうに赤ちゃんを育てていきたいのか、漠然とでも、自分なりのイメージを抱き、あなたがあなたらしくありのままで赤ちゃんを迎えられるような方法を模索するための手がかりをお伝えできればと思っています。

「母性スイッチ」で最高の出産を ―ソフロロジーが導く安産と幸せな育児―

目次

3章 あなたらしい出産のカギ――「母性スイッチ」

4章 先輩ママの体験談――「母性スイッチ」オンのきっかけはどこに？

1章 私が受けた衝撃——ある産婦さんとの出会い

「あたりまえ」だと思っていた、つらい出産のイメージ

約一五年前に父からクリニックを引き継ぐ以前、私は一〇年ほど大学病院[注1]の産婦人科に勤務していました。そこは二四時間、三六五日、専門的な治療が必要な妊産褥婦《じょくふ》[注2]さんや新生児が四六時中、埼玉県内全域から転院してこられる病院でした。命の危機と隣り合わせの状態にある方も少なくなく、それこそ「出産は命がけ」という言葉が大げさではない環境でした。とにかく無事に赤ちゃんが産まれてくれて、お母さんも赤ちゃんも無事に退院していただくことが、私たちが最優先で果たすべき使命でした。

マンパワーが限られている以上、必然的に重症度の高い方の対応が優先されますから、重症度の低い産婦さんのケアは優先度が下がってしまいます。陣痛が始まり、順調にお産が進んでいる産婦さんには、赤ちゃんの心拍とお腹の張りの状態をモニターする器機を装着して、そのデータをナースステーションから見守ることが多く、

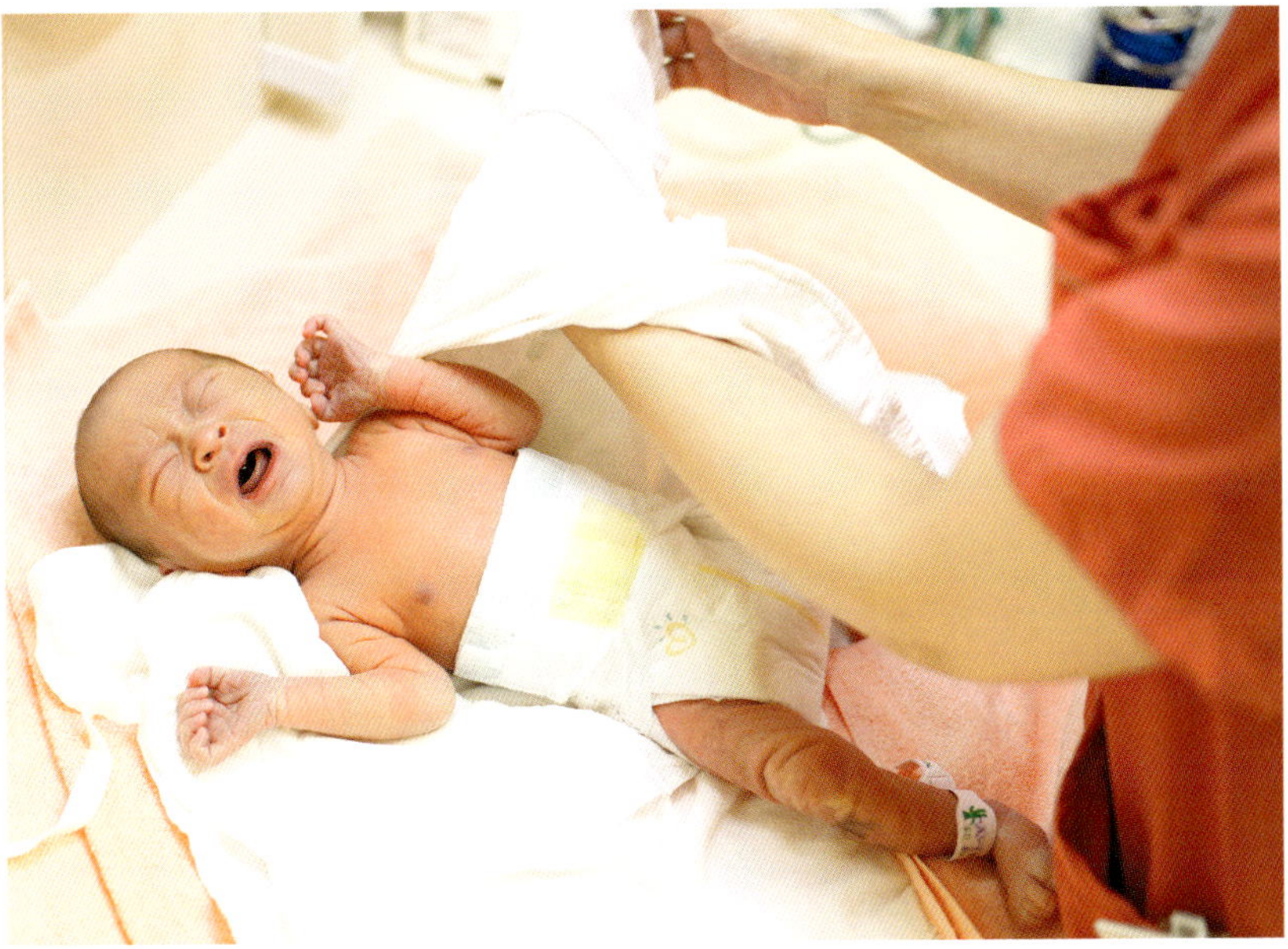

産婦さんは一人で陣痛と闘っているんですね。病棟内は常に慌ただしく、スタッフは皆、入院中の重症の方や搬送されてくるお母さんや赤ちゃんの対応で大わらわですから、つらくても痛みに一人で立ち向かっているという状況でしょう。そんなふうに不安が強いなかで出産を迎えるのですから、産婦さんは痛みに顔を歪め、泣きながら、時には叫びながら赤ちゃんを産んであげるために力を振り絞ろうと必死にいきみます。テレビドラマなどでよく見かけるような、まさしくあの感じです。

当時の私は、そのような姿こそ出産なのだと思っていましたから、出産は言葉では表現し尽くせない壮絶な体験なのだといつも感じていました。「お産とはこんなに怖いものなんだ。女性ってすごいな」という気持ちで、日々の診療にあたっていたように思います。

ところがある日、こうした考えを一八〇度ひっくり返される、衝撃的な体験をしたのです。

注1　私が当時勤務していた大学病院というのは、埼玉医科大学総合医療センターです。現在では、同院はわが国有数の総合周産期母子医療センターを有し、日本における「産科麻酔のカリスマ」と呼ばれる照井克生教授以下、産科麻酔科医が常駐されています。お産の痛みに心理的・身体的に耐えられないような合併症をもつ妊婦さんには、医学的適応がある場合、産痛緩和（無痛分娩）も対応されています。

注2　周産《しゅうさん》期《き》医療《いりょう》（妊娠二二週～生後七日までの期間のお母さん、赤ちゃんを取り巻く周辺の医療）では、妊娠中から出産後まで、それぞれの時期でお母さんの呼称が変わります。妊娠中は妊婦、お産（分娩）中は産婦、産後は褥婦と言います。

「あたりまえ」を覆された、穏やかな出産シーン

それはとても穏やかな光景でした。お産はこんなに静かにできるものなのかと、ただただ驚かされたのです。

大学病院勤務時代のある日のことでした。

その日は当直勤務で、深夜三時頃、仮眠をとっていたところへ、助産師からそろそろ出光さん（仮名）がお産になりそうだと電話があったので分娩室へ向かいました。廊下に出ると、いつもよりはっきりと、トントントントントンという赤ちゃんの心拍モニターの音が聞こえてくるんですね。

ふだんなら、産婦さんの「ああーー」「痛ぁぁい」と、がんばっている叫び声にかき消されてしまったり、なんとなくざわざわとした雰囲気が廊下まで漏れ伝わってくるのですが、その日は妙に静かだったんです。

分娩中ずっと、お母さんは赤ちゃんに話しかけていました

分娩室の中に入ると、出光さんはすでに分娩台に上がっていたのですが、痛くて泣きわめくでもなく、苦痛に顔を歪めるでもなく、とても穏やかな表情をしているのです。陣痛[注3]の波と波の間になると、お腹をさすりながらなにやらボソボソとつぶやいています。立ち会い出産ではありませんでしたから、周りにご家族がいるわけでもなく、私たちに話しかけている様子でもありません。まさか、おまじないかなと耳を澄ませてみると、「もうすぐ会えるねえ」「○○ちゃんもがんばってるんだよね、えらいね」と、なんとお腹の赤ちゃんに話しかけていたのです。

助産師が分娩の進行具合を「ようやく赤ちゃんの頭が見えてきましたよ、髪の毛がフサフサしてますねえ。あと五回以内の陣痛で会えそうですよ」と出光さんにお伝えすると、出光さんはそれを赤ちゃんに「○○ちゃん、よかったねえ。髪の毛フ

サフサしてるって。あと五回以内で会えそうだって、もう少しがんばろうね」と話しかけるんです。

なんというか、ものすごく冷静なんですね。陣痛の波が来ても、「フゥーー」っと静かに痛みに耐えているんです。こんな産婦さんの姿を見たのは初めてのことだったので、陣痛のさなかでなぜこんなに落ち着いていられるんだろうと、ただただ不思議に思いながら目の前の光景を見守っていました。

それから何回かの陣痛を経て、出光さんは本当に穏やかに赤ちゃんを出産されました。元気な女の子でした。看護師が赤ちゃんを抱いて、「出光さん、おめでとうございます。かわいい女の子ですよ、がんばりましたねえ」と枕元に向かうと、出光さんは赤ちゃんを抱き寄せて、「〇〇ちゃん、よくがんばったねえ、やっと会えたねえ、がんばって会いに来てくれてありがとう」とおっしゃったんです。

お産直後のヘトヘトの状態で、なによりもまず赤ちゃんを労うなんて、なんてことだろう、本当にこのお母さんはすごいなあと、圧倒されてしまいました。

注3　陣痛は「波のようにやって来て波のように去って行く」と言われますが、痛みの波が来ているときを「発作時」と呼び、痛みの波と波の間の時間を「間欠期《かんけつき》」と呼びます（詳しくは2章参照）。

赤ちゃんとの約束を守ったお母さん

そのときが出光さんとの初対面だった私は、出産後の傷の処置をしながら、「出光さんて、もしかして痛みに強いんですか？」と、今思えばなんともトンチンカンな質問をしてしまいました。なぜこの質問がトンチンカンだったかという真相はとからお話ししますが、出光さんは「どちらかというと痛みには弱いほうです」とおっしゃいます。「だけど、陣痛でつらかったでしょうに、こんなに静かに冷静にがんばってらっしゃって、本当にすごいと思ったんですよ」とお話しすると、出光さんは微笑みながらこんなことをおっしゃったんです。

「私、この子と一つだけ約束したんですよね。お母さんは痛いっていう言葉を口にしないようにがんばってみるから、あなたもがんばってねって。なんとか最後までその約束だけは守ろうと思っていて。だから穏やかでいられたんですかね」——。

当時、出産といえば、痛みと必死に闘っていきむ産婦さんの様子をまっさきに思い浮かべていた私にとっては、本当に衝撃的な光景でした。そのときはただ、あの出産はなんだったんだ、いったいなにが起こったんだと、キツネにつままれたような感じでしたが、出光さんのことは、そのあともずっと心に残り続けていました。

そしてこの経験が、その後の私の産婦人科医としてのあり方に大きな影響を与えてくれたのです。

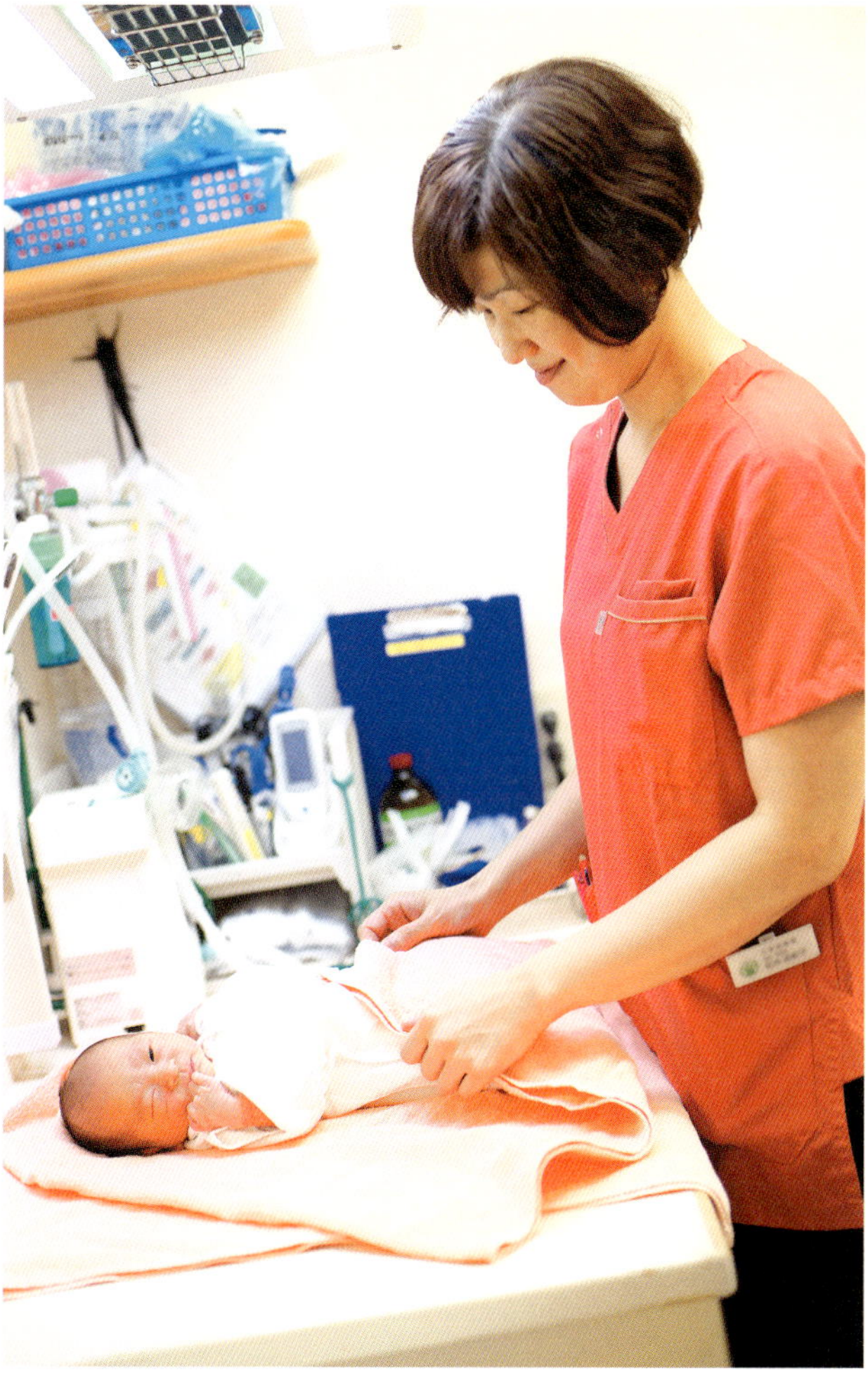

2章 あなたらしい出産を迎えるために知っておきたい陣痛のはなし

陣痛は、赤ちゃんに会うためのエネルギー

出産を経験したお母さんたちに、陣痛の痛みは体のどこで感じましたかと尋ねてみると、お腹、腰、骨盤全体、おしり、いやいや全身痛かったと、いろいろな答えが出てきます。どれも個々の体験に基づいた感想ですが、こんなにも人によって感じ方が異なるのです。

陣痛は、子宮が収縮して赤ちゃんを押し出そうとする力です。子宮は筋肉でできています。筋肉ですから伸びたり縮んだりします。子宮の大きさは、妊娠していないときはニワトリの卵くらいですが、妊娠するとその何倍、何十倍と大きくなって赤ちゃんを育みます。そして分娩のときは赤ちゃんを外に送り出してあげようと、ぎゅうっと収縮するわけです。このときに感じる痛みが陣痛です。子宮の筋肉は自分の意志では動かすことができません。ですから、陣痛はお母さんの意志とは関係

なく、必要なタイミングになると起こるものです。いわば、赤ちゃんを外に出してあげるための自然のパワー、赤ちゃんに会うために必須のエネルギーなのです。

陣痛中にも休み時間はある

陣痛は、最大の強さの痛みがいっきにドーンと来るというのではなくて、じわじわぁっと、「ああ、お腹が張って痛くなってきたかなぁ」という感じでやって来て、徐々に強くなっていき、そしてまたじわじわぁっと痛みが引いていく、というイメージです。波のようにやって来て波のように去って行く、なんて表現されます。つまり、分娩[注1]が進んでいる十何時間もの間ずっと痛みが続くわけではありません。痛みが去ってまた次の痛みが来るまでには、間欠期と呼ばれる休み時間があります。

注1　「分娩」とは、陣痛が規則的に（一〇分間隔以内あるいは一時間に六回以上）始まった時点から、赤ちゃんが産まれ、その後、胎盤などが排出されるまでの一連の現象を言います。赤ちゃんが産まれるその瞬間だけを指すものではありません。分娩の流れは次のとおりです。

「規則的な陣痛が始まる↓子宮口が徐々に開く↓子宮口が一〇センチまで開く（全開大）↓破水が起こる↓赤ちゃんがだんだん降りてくる↓赤ちゃんの頭が見えたり戻ったりする（排臨《はいりん》）↓赤ちゃんの頭が完全に見えるようになる（発露《はつろ》）↓赤ちゃんが産まれる↓胎盤が排出される」

規則的な陣痛で開始する場合だけでなく、破水が先に起こるケースもあります。この一連の現象にかかる時間（分娩所要時間）が、初産婦さんで約一二〜一六時間、経産婦さんでその半分程度と言われています。

2章 あなたらしい出産を迎えるために知っておきたい陣痛のはなし

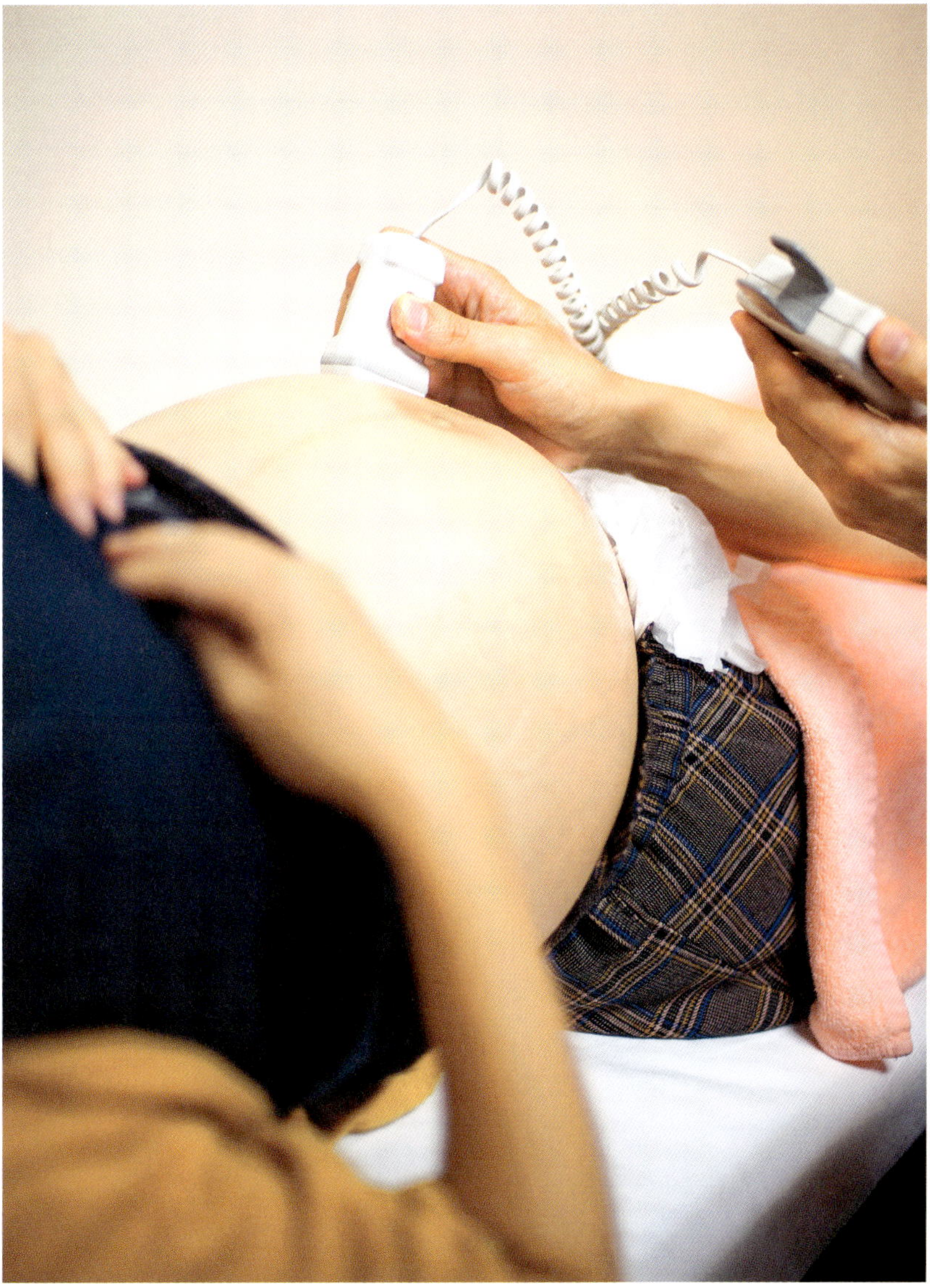

痛みの時間より、休み時間のほうが実は長い

分娩が始まってすぐの頃は、お腹が張って痛い時間は二〇〜三〇秒くらいです。このうち産婦さんが本当に痛いと感じる時間は一〇秒程度です。間欠期は一〇分ほどですから、痛みの時間（発作時）よりも間欠期のほうが圧倒的に長いんですね。

そして徐々に分娩が進んでいくと、お腹の張りや痛みも強くなりますし、一回あたりの張っている時間も長くなっていきます。いよいよお産間近になると、お腹が張って痛いのはだいたい五〇秒〜一分くらいです。このうち産婦さんが痛いなと感じる時間は三〇〜四〇秒くらいです。一方、間欠期は二〜三分ほどです。

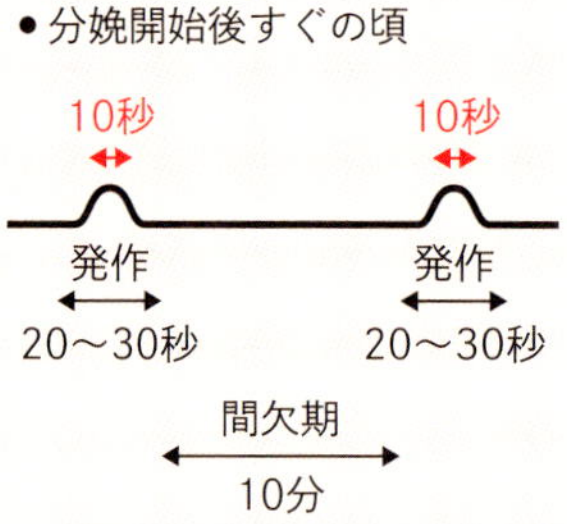

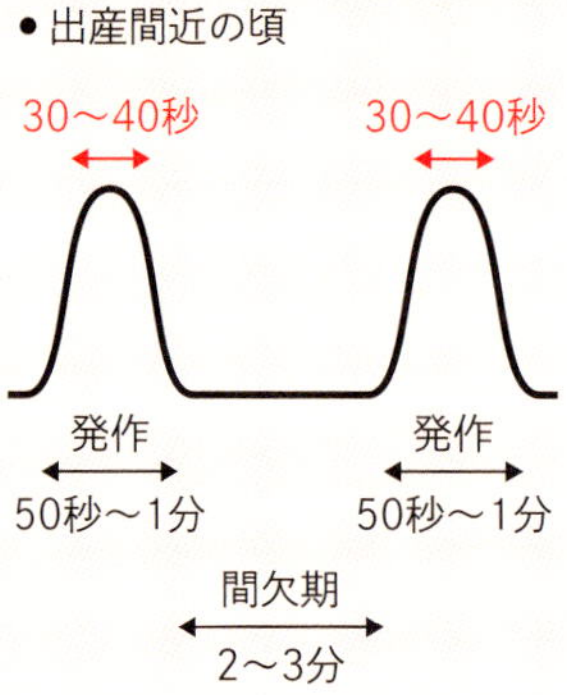

さて、ここで着目してほしいのが、赤ちゃんが間もなく出てくるぞというタイミングでも、実は間欠期のほうが発作時よりも長いということです。間欠期にしっかり休息することができると、陣痛の波にうまく乗りながら落ち着いて分娩を進めやすくなります。間欠期に体を休めるには、前の陣痛の痛みを引きずらないことが大切です。

陣痛の間欠期には、しっかり休息を

皆さんにも、こんな経験があると思います。家の中を素足で走り回っているときに、テーブルの脚に足の小指をガツンとぶつけてしまった——。そんなときどうなりますか？「痛っ」と思わず息を止めてしまいますよね。痛いときって、無意識に息をはっと止めてしまうものなのです。

陣痛のときも同じです。痛みに耐えようと思わずぐっと力んで、息を止めてしまうんです。十何時間の分娩経過中に、痛みが来るたびにいきんで息を止めるのを繰り返していたら、お母さんはもうヘトヘトに疲れ果ててしまいます。いきんで体をこわばらせていると、陣痛が引いても痛みが残った気がしてしまって、なかなか体の力を抜くことができません。そうこうしているうちに間欠期はあっという間に過ぎ、また次の陣痛がやって来ます。

陣痛中は、赤ちゃんもお母さんと一緒にがんばっています

お母さんに痛みが来ているとき、お腹の中の赤ちゃんもお母さんと一緒に陣痛を乗り越えようとしています。お母さんと同じように体力だって消耗しますし、ストレスだってかかっています。一時的とはいえ、酸素も不足しています。そんな状況でお母さんが息を止めてしまうと、赤ちゃんにも十分に酸素が届かなくなってつらくなることもあります。

陣痛の痛みがあるときは、ただゆっくりと息を吐くことだけを意識しましょう。そうすることで痛みをうまく逃せると、間欠期にほんの一、二分でもウトウトするくらいリラックスできて、体もしっかりと休めることができるのです。

2章 あなたらしい出産を迎えるために知っておきたい陣痛のはなし

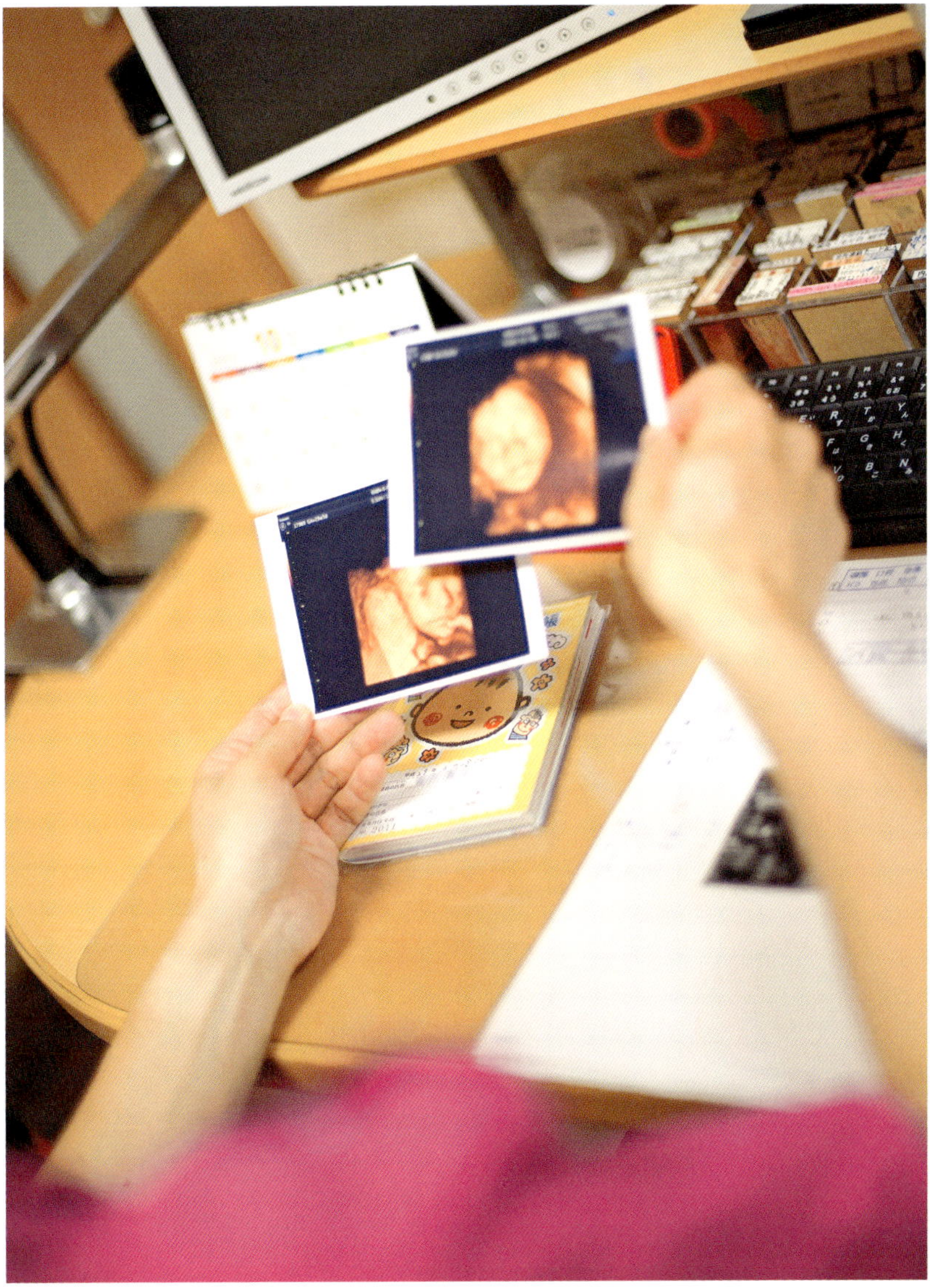

「出産＝いきむこと」ではない

出産というと、お母さんが力強くいきんでいる姿をイメージする人が多いと思いますが、「いきみ」が分娩に必須のものかというと、実はそうではないのです。

「え？ お母さんががんばっていきまないと、赤ちゃんは出てこられないんじゃないですか？」と疑問を抱いたでしょうか。陣痛というもの自体が、赤ちゃんを押し出す自然のパワーですから、良い形で陣痛が来ていれば、それだけで分娩も自然と順調に進んでいきます。本来陣痛だけで赤ちゃんは産まれてくるものなのです。あえていきんでパワーを足す必要はないんですね。いきむことで必要以上の力が加わると、赤ちゃんに余分な負荷がかかったり、産道が傷つくこともあります。

ただし、いきんでも問題のないタイミングはあります。子宮口が全開大、つまり出口がしっかり一〇センチ開いて赤ちゃんが通れるスペースが確保できたら、力が入るときはいきんでも大丈夫です。

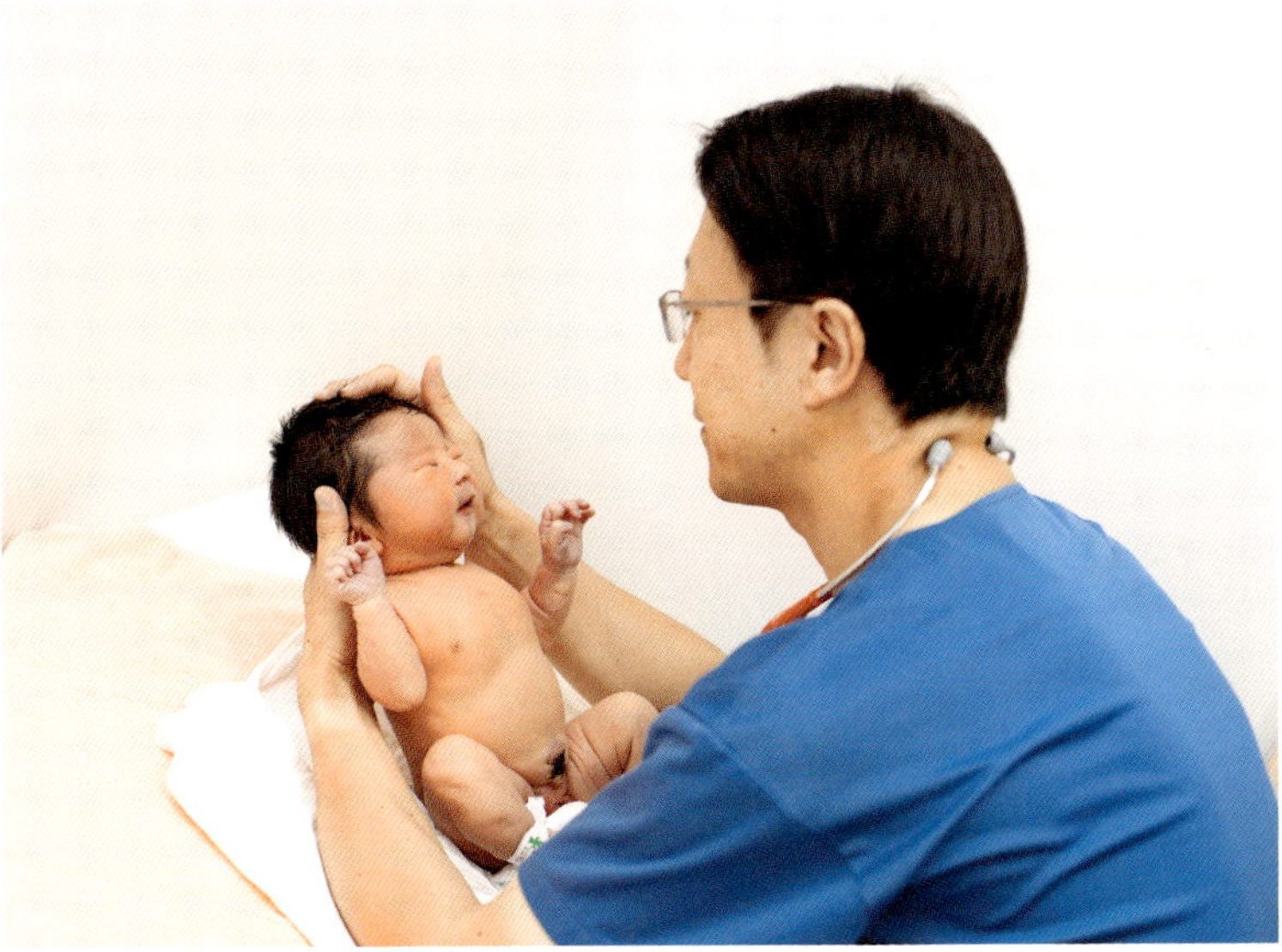

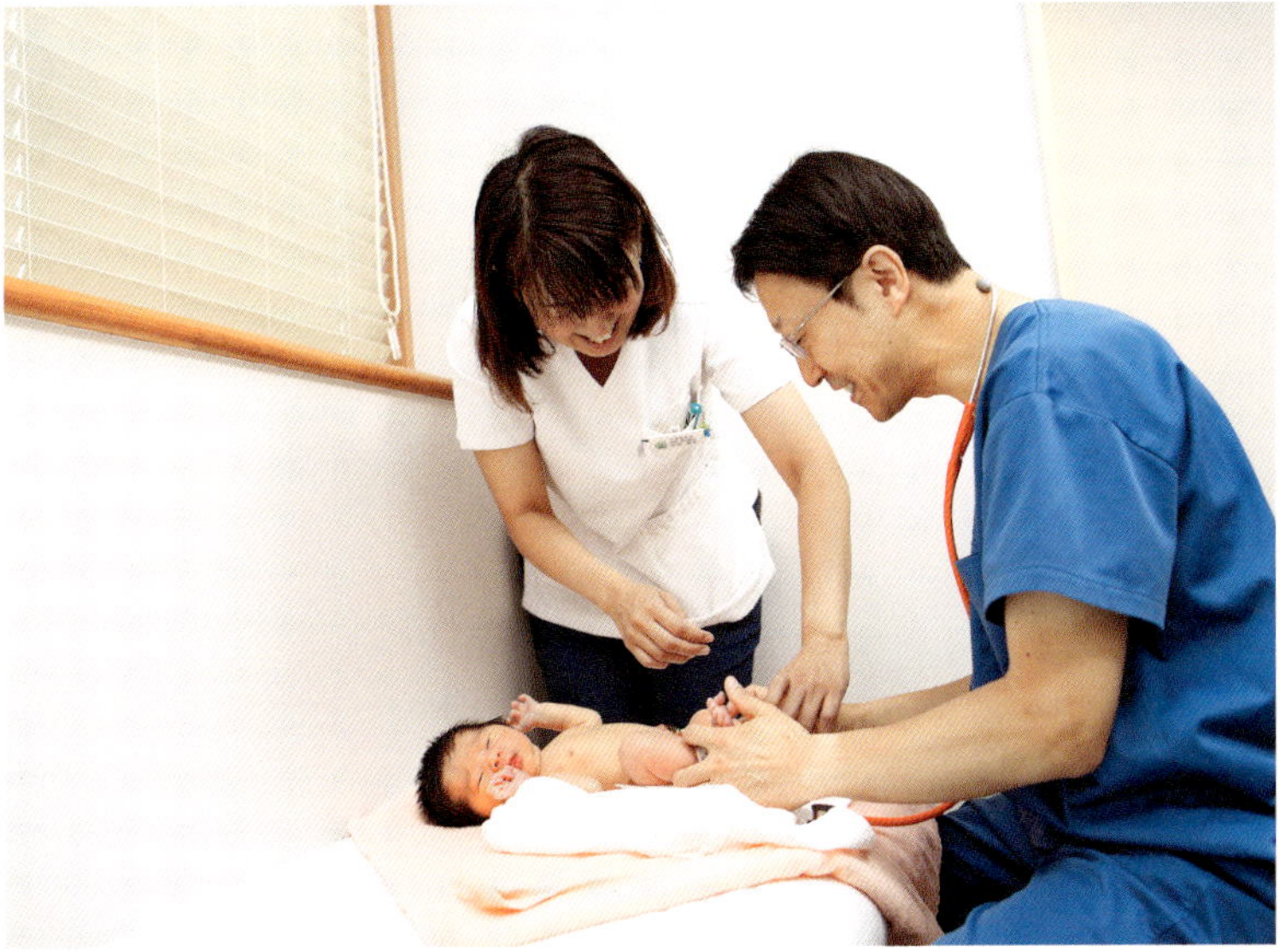

いきむのは、子宮口が全開大になってから

いきむということは、赤ちゃんを押し出す力が増すということです。子宮口が全開大になる前にいきんでしまうと、出口がまだしっかり開いていないのに押し出す力が増すわけですから、赤ちゃんは板挟みのような状態になってしまいます。そうすると、赤ちゃんに余分なストレスがかかることもあります。ですから、子宮口が全開大になるまでは、なんとかがんばっていきむのを逃していくことが望ましいのです。

陣痛はあってしかるべきもの、必要なものですから、それに抗《あらが》うのではなく、うまく波に乗ってやり過ごしていくように体が陣痛に同調できると、上手に痛みを逃していけるようになります。そのときにはやはり、ただゆっくりと息を吐くことで、お母さんの痛みが緩和され、赤ちゃんにも酸素が行き渡るようになるのです。

2章 あなたらしい出産を迎えるために知っておきたい陣痛のはなし

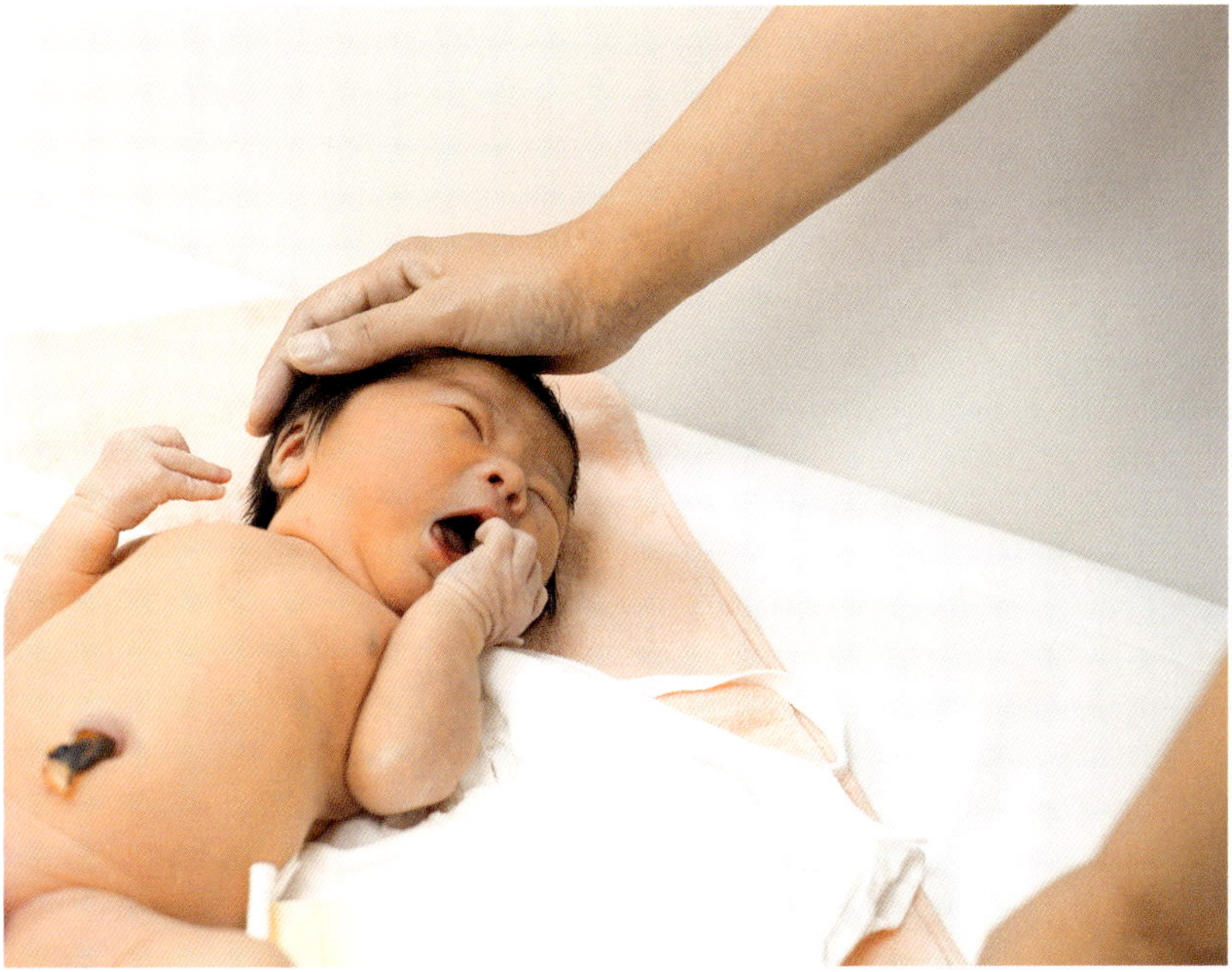

3章　あなたらしい出産のカギ――「母性スイッチ」

出産は、怖いものですか？

陣痛って実際どのくらい痛いのかな、赤ちゃんは無事に産まれてきてくれるかな、しっかり育てていけるかな――。妊娠・出産に際しては、待望の赤ちゃんに会える喜びの一方で、多かれ少なかれ、だれでも不安や恐怖心を抱くものかもしれません。

初産婦さんにとってはなにもかもが初めてのことですから不安があって当然です。経産婦さんの場合は、経験があるからこそ不安になる面もあるかもしれません。いろいろな不安があるなかで、本を読んだりインターネットで検索したり、身内や友人の体験談を聞いたりと、不安を解消する材料を探していたはずが、かえって不安が強くなって恐怖心が募ってしまった、なんてこともあるかもしれません。こうした不安や恐怖といった心の状態は、実は体にも影響を及ぼしてしまいます。そう、あまり良くない影響ですね。反対に、前向きで明るい気持ちは、体に良い影響を与えてくれます。これがお産のときには、素晴らしい効果をもたらしてくれるのです。

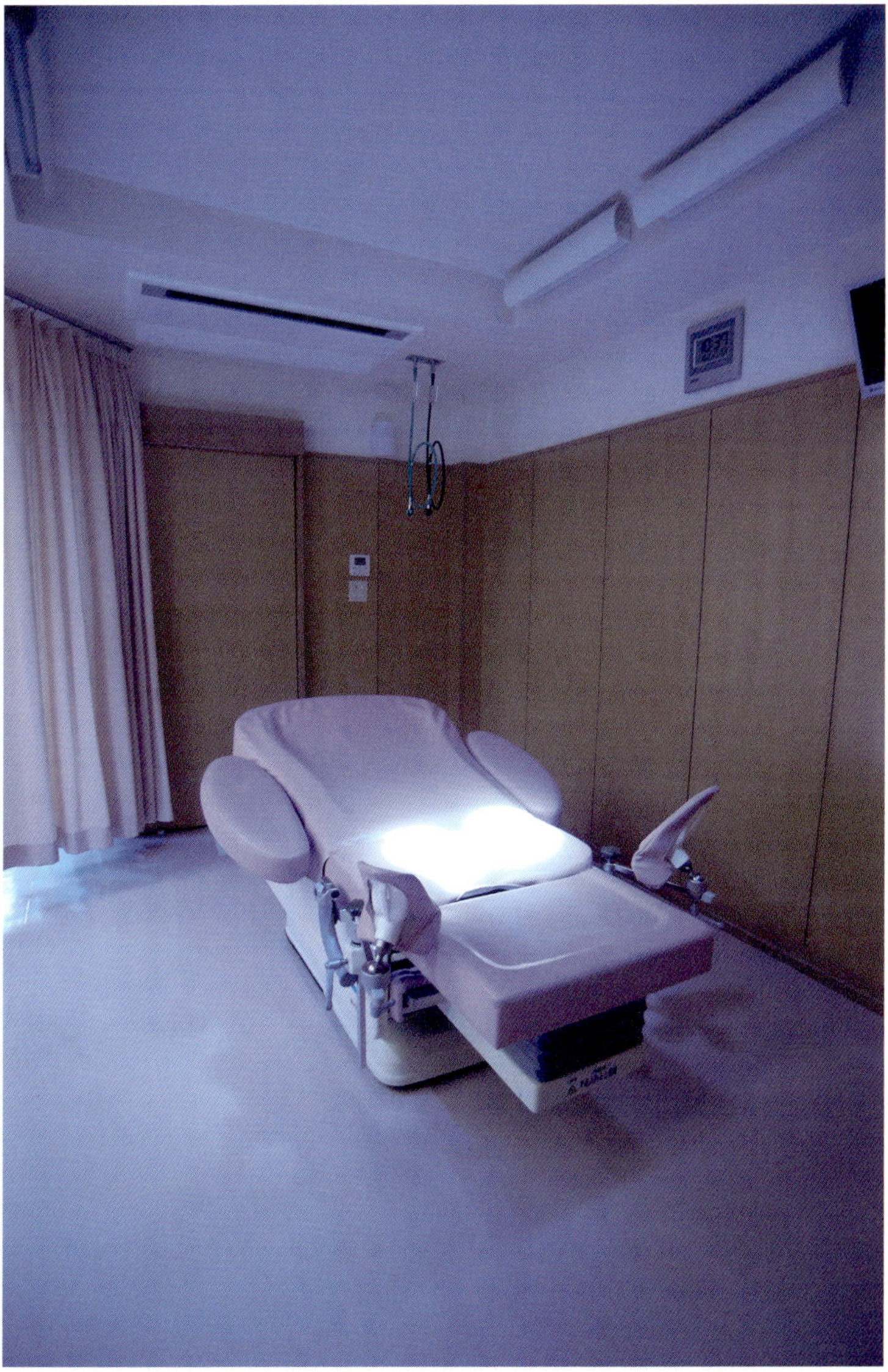

「母性スイッチ」オンで、前向きな気持ちが大きくなる

妊娠初期には陣痛や分娩に対して不安や恐怖心を抱いていても、妊娠経過のなかでそうした気持ちが徐々に小さくなり、表情も明るくなって「赤ちゃんに早く会いたい」「楽しみでしかたがない」と前向きな気持ちが大きくなっていくお母さんの姿を、私はたくさん見てきました。出産予定日が近づく頃には、「お産の兆候はまだないですか？　早く出ておいでって毎日赤ちゃんに話しかけているんですよ」なんて笑顔で話してくれるお母さんもいらっしゃいます。不安や恐怖を抱いていた出産というイベントが目前に迫ってきているというのに、前向きな気持ちになれるんです。たくましいですよね。そうした妊婦さんたちは、それぞれが思い描いていたとおりのお産ができたり、産後も子育てに前向きに臨んでいます。このような気持ちの変化には、「母性スイッチ」がかかわっているのではないかと私は考えています。

「母性スイッチ」というのは、常に赤ちゃんのことを思い、かわいいな、愛おしいなと感じる気持ちが芽生えることだと考えています（厳密に表現しようとすれば、母性のあり方や獲得のしかたと同じように、人それぞれ異なるものかもしれません）。そしてこのような気持ちが湧き起こることを「母性スイッチ」オンと呼んでいます。

最近では、妊娠中もバリバリ仕事を続ける方が多いのですが、特に初産婦さんの場合、初めての来院時は皆さんどちらかというとお仕事モードな険しい顔つきをしているんですね。当然、まだ妊娠したという実感があまりないなかで、漠然とした不安やつわりの苦痛があるということが影響しているのかもしれませんが。しかし不思議なもので、妊娠週数を重ねて健診などで何度もお会いするうちに、徐々にその表情がほぐれて柔らかくなっていくのを感じるんです。おそらくご本人は特になにかを意識しているわけではないのでしょうが、「母性スイッチ」がオンになった表れだと思います。

「母性スイッチ」オンのきっかけは十人十色

「スイッチオン」というと、ボタンをポチッと押してオン／オフの切り替えができるように聞こえるかもしれませんが、残念ながらそんなに都合の良いものではありません。オンになるきっかけやプロセスは人それぞれです。

なにかの出来事で瞬間的にスイッチオンになる人もいれば、妊娠中の生活や出産後の赤ちゃんとの日々のなかでゆっくりとしみわたるようにオンになる人もいると

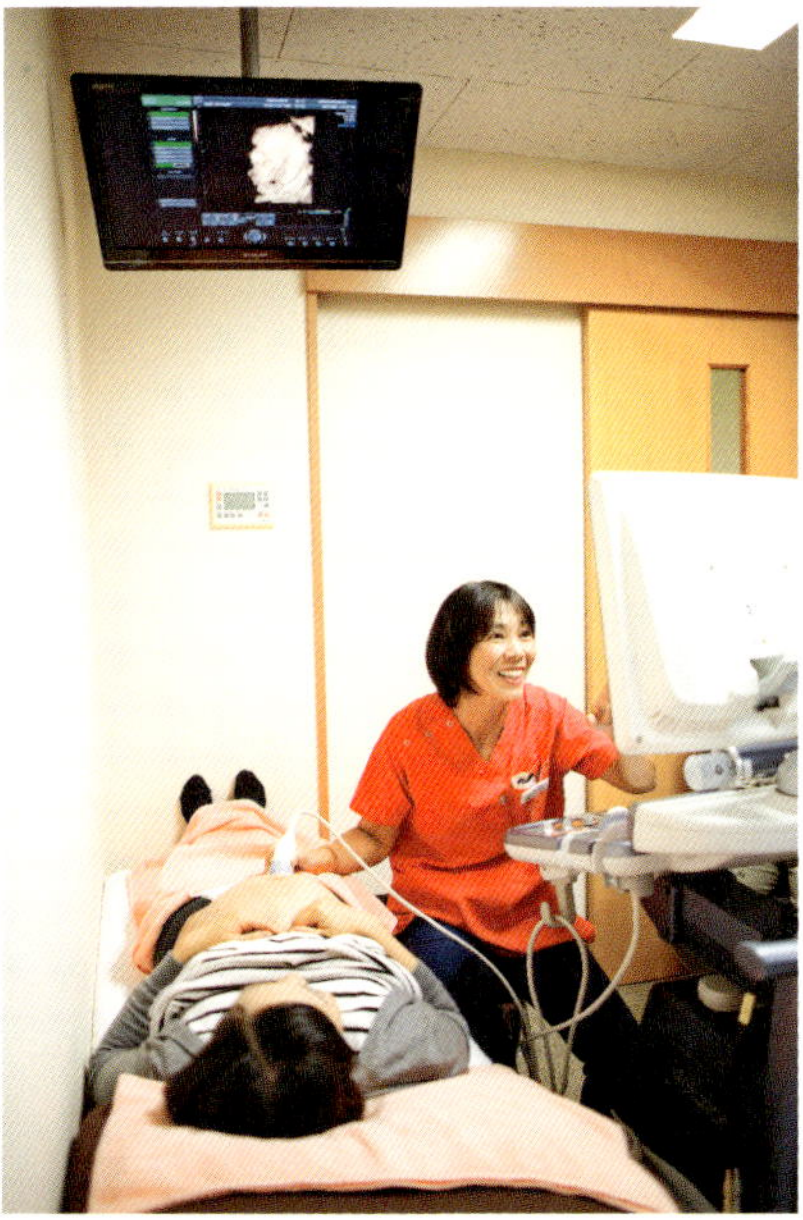

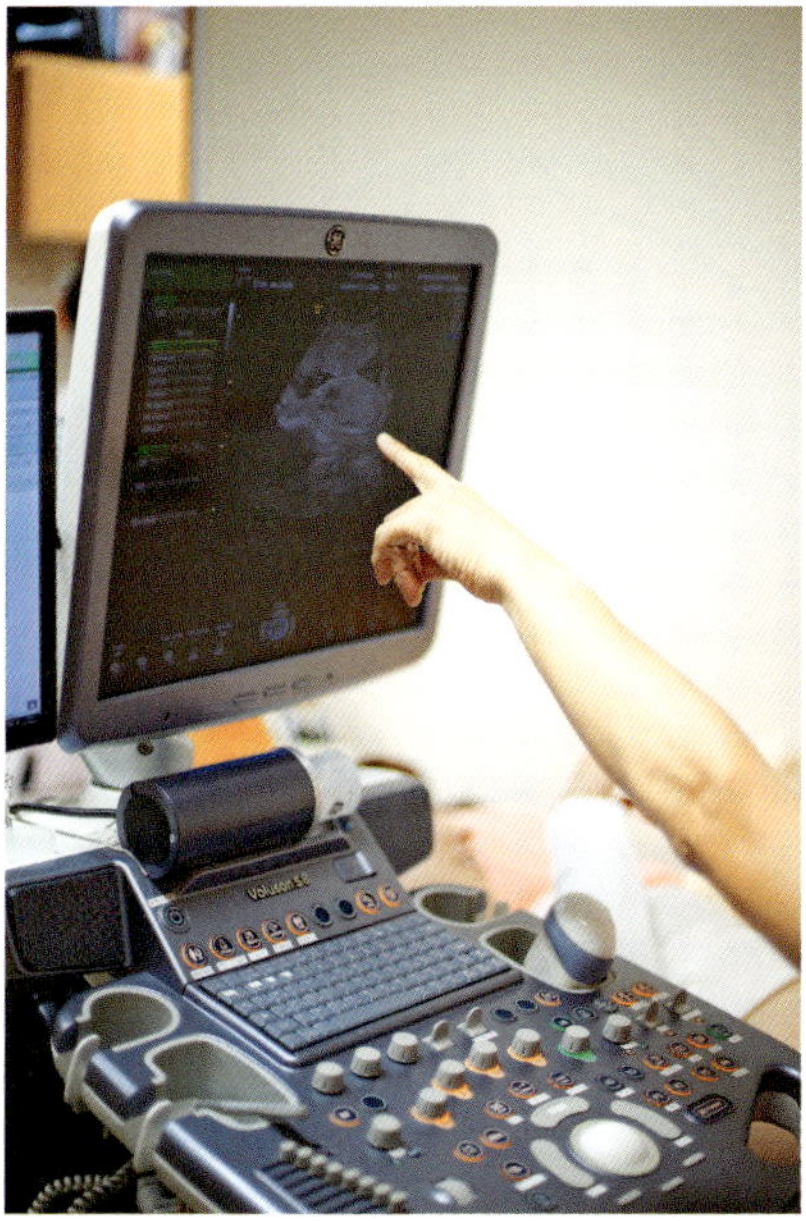

Jump

思います。つわりで苦しい時期が過ぎたり、胎動を感じるようになる頃に徐々にスイッチが入るかもしれません。エコー画像で赤ちゃんのお顔を見たとき、性別がわかったときかもしれません。経産婦さんでは、上のお子さんがお腹の赤ちゃんに話しかけてくれたときかもしれません。あるいは出産してから赤ちゃんのお世話をするなかでスイッチが入ることだってあると思います。

ソフロロジーなら、痛みをポジティブに捉えられる

ところで、「ソフロロジー」[注1]という言葉を聞いたことはありますか？

ソフロロジーでは、精神的に安定して調和（バランス）のとれている状態、心が穏やかな状態を目指します。そのような状態になれるのは、どんなときでしょうか。

やはり、リラックスしているときですよね。どうしたらリラックスした状態に自分の身を置けるのか、その方法をトレーニングしましょうという考え方がソフロロジーです。この考えをお産に応用したのが[注2]ソフロロジー式分娩と言われています。

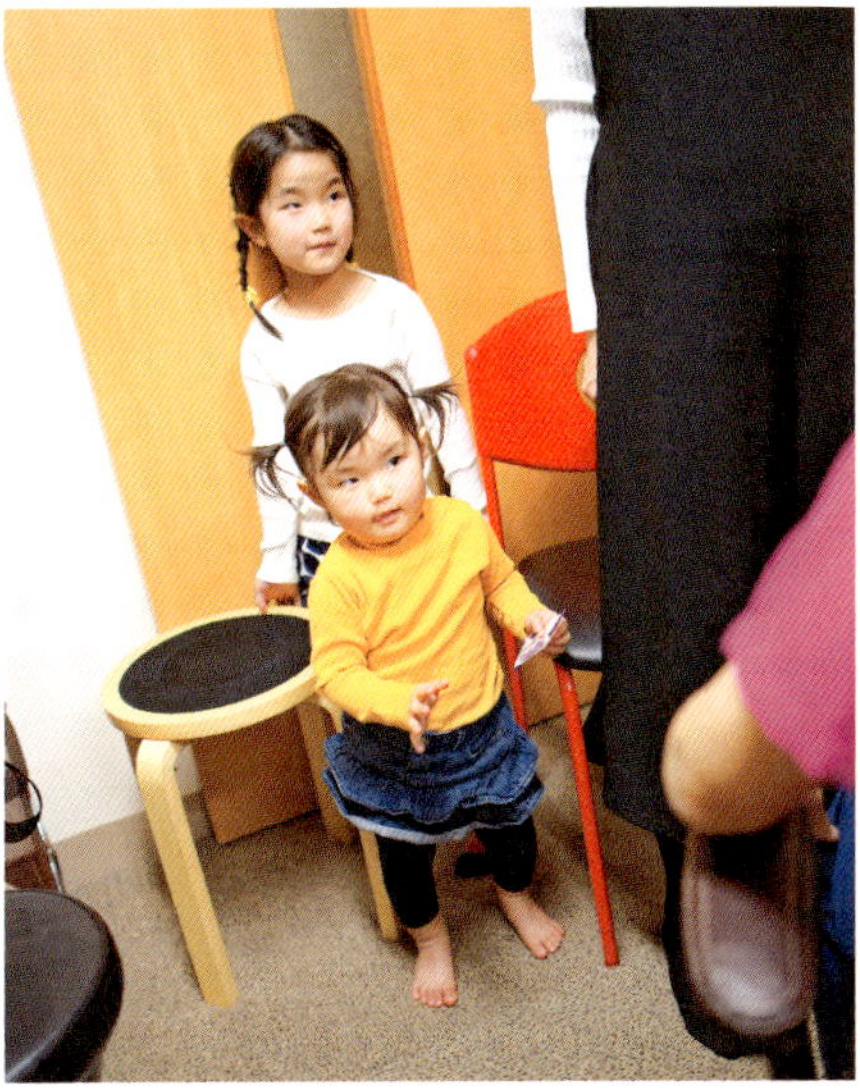

この方法を実践すれば陣痛の痛みがなくなるというわけでは決してありません。陣痛は痛くて怖くて嫌なものだという、陣痛や出産に対するネガティブなイメージを切り替えて、陣痛は確かに痛いものだけれど、あるがままの痛みを受け入れ、陣痛は赤ちゃんに会うためにやはり避けられない道なんだ、赤ちゃんに会うために必要なエネルギーなんだとプラス思考で考えます。

注1　ソフロロジーは、調和や安定という意味の「ｓｏｓ（ソー）」、精神や意識という意味の「ｐｈｒｅｎ（フレン）」、学問や研究という意味の「ｌｏｇｏｓ（ロゴス）」という単語からつくられた言葉です。言葉の意味としては、どこにもお産に関連しそうなものが出てきていませんが、もともとはスペインで始まった学問で、精神医学の分野で活用されていました。これがその後フランスで産科に導入され、現在ではさらに循環器科、消化器科、歯科など様々な分野でも活用されています。

注2　ソフロロジー式分娩は、厳密にはお産の形式を言うわけではありません。お産の形式としてラマーズ法を思い浮かべやすいと思いますが、ラマーズ法が「陣痛開始から出産までの間の痛みを乗り切る呼吸法」であるのに対し、ソフロロジーは「母性を引き出す（母性を醸成《じょうせい》する）産前教育を行うことにより、妊娠期間中から出産に至るまでの妊娠期間を無為に過ごすことなく、出産に備え、さらに子育てへとつなげていく母性を育む産前教育法」であると、故・松永昭先生（日本にソフロロジーを導入した産婦人科医）はおっしゃっています。ですから、「ソフロロジー式産前教育」と言ったほうが、本来の趣旨により近い表現かもしれません。

母子健康手帳
さいたま市

ソフロロジーは「母性スイッチ」オンに役立つ

このようなソフロロジーの考え方は、「母性スイッチ」をオンにするのにとても良い働きをしてくれます。妊娠や出産をポジティブに捉えられるようになるには、ふだんからリラックスして穏やかにいることを心がけ、お腹の中の赤ちゃんにたくさん話しかけてコミュニケーションをとること、いつも赤ちゃんを意識することがとても重要です。

ではここで、上のお子さんを他院で出産され、二人目のお子さんを当院で出産された、あるお母さんがくださったメッセージを紹介しましょう。

「上の子のときと明らかに違うなと感じたのは精神面でした。初めてのお産のときは、ただただ痛くて苦しくて、陣痛が来るたびに『私を苦しめないで!』とさえ思ってしまいました。産んだあとも倦怠感だけが残っていました。今思うと、本当に息子に申しわけなかった、息子だってがんばっていたのに。初めての出産がこのような体験だったので、二人目ができたときはうれしさの反面、またあの痛みを味わうのか……と、妊娠初期の頃は暗い気持ちになっていました。けれどソフロロジーの母親教室に参加して、林先生から、『陣痛が嫌な痛みではなかった』とおっしゃったお母さんの話を聞いてから気持ちが一変しました。本音を言うと、そんなのきれいごとでしょ、と初めは思っていました。だけどよく考えてみると、私もそんなお産ができたらいいなと素直に思えたんです。そのお母さんはいつもお腹の赤ちゃんに話しかけていたということだったので、私も同じようにしてみました。そして妊娠に備えた体づくりや出産のイメージトレーニングなど、ソフロロジーについて母親教室で教わったことも実践しました。そしていよいよ陣痛が来て、だんだん痛みが強くなっていくなかでも、不思議と痛みに向き合うことができたんです。陣痛の波が少しでも遅れると、『あれ？ 陣痛さん、早く来て』と思ったほどです。痛いのは確かなのですが、本当に嫌な痛みではありませんでした。そして、娘が産まれた瞬間には、自然と涙があふれてきていました。先生の話を信じて実践して本当によかった。思い描いていたとおりの出産ができました」

このお母さんは、当院の母親教室でソフロロジーのことを勉強され、その後の生活のなかでもお腹の赤ちゃんと積極的にコミュニケーションをとるなどしながら出産を迎えられました。そのようななかで出産への恐怖心や嫌だなあと思うネガティブな気持ちが薄れていき、いつしか前向きな気持ちが芽生えていたのでしょう。それが陣痛の感じ方を変えたのかもしれません。

妊娠中から子育てが始まる

ソフロロジーでは、出産のときだけでなく、妊娠中から出産後まで、すべての時期を大切にします。妊娠中から出産や育児についてイメージし、精神を安定させてリラックスして出産を迎え、お母さんと赤ちゃんが主役の自律した出産を目指します。妊婦さん自身がどんなふうに出産したいのか、どんなふうに子育てしていきたいのか、どんな母親になりたいのかを決定することが大事だと言われています。妊娠中から安定した気持ちで物事をポジティブに受け止めて、お産に対しても良いイメージができていると、出産やその後の子育てにも主体的に自律的に臨みやすくなるんですね。

妊娠中にソフロロジーの考え方を取り入れて、自分にとってのリラックスの感覚を身につけることができていると、お産のときにもリラックスしやすくなります。そうすることで陣痛中はむだな力が入らないので、産後の疲れ方がまったく違ってきます。すると、育児にもスムーズに入りやすくなります。妊娠中から出産後まで、すべてがつながっているのです。

出光さんも、ソフロロジーで「母性スイッチ」が入っていた

1章で、私が大学病院勤務時代に遭遇した衝撃的な出産シーンのお話をしました。あの当時、もちろん私はソフロロジーのことは知りませんでした。出光さんご本人も、特別なにかご自分で勉強したということはおっしゃっていませんでした。

確かその三年後くらいだったと思います。たまたま軽い気持ちで参加した勉強会で、私はソフロロジーを知りました。ソフロロジーの考え方を聞いて、正直初めは半信半疑でした。ただ、なんだかすごいことかも、本当に実践できたらすごくすてきだなと思いました。

それと同時に、「あっ！」と、出光さんのお顔が浮かんだんですね。ああそうか、出光さんはきっと妊娠中から赤ちゃんとたくさんコミュニケーションをとって、穏やかな日々を送っていたんだろうなって。だからだれに言われるでもなく母性スイッチがオンになっていて、きっとあのようなお産をされたんだろうなと、あの不思議な光景とソフロロジーとがつながって、すとんと私の心に落ちてきたのです。「痛みに強いのですか？」なんて、的外れな質問をしてしまった自分を恥ずかしく思いながらも、すうっと靄《もや》が晴れるのを感じて、三年越しにようやく納得できたのでした。

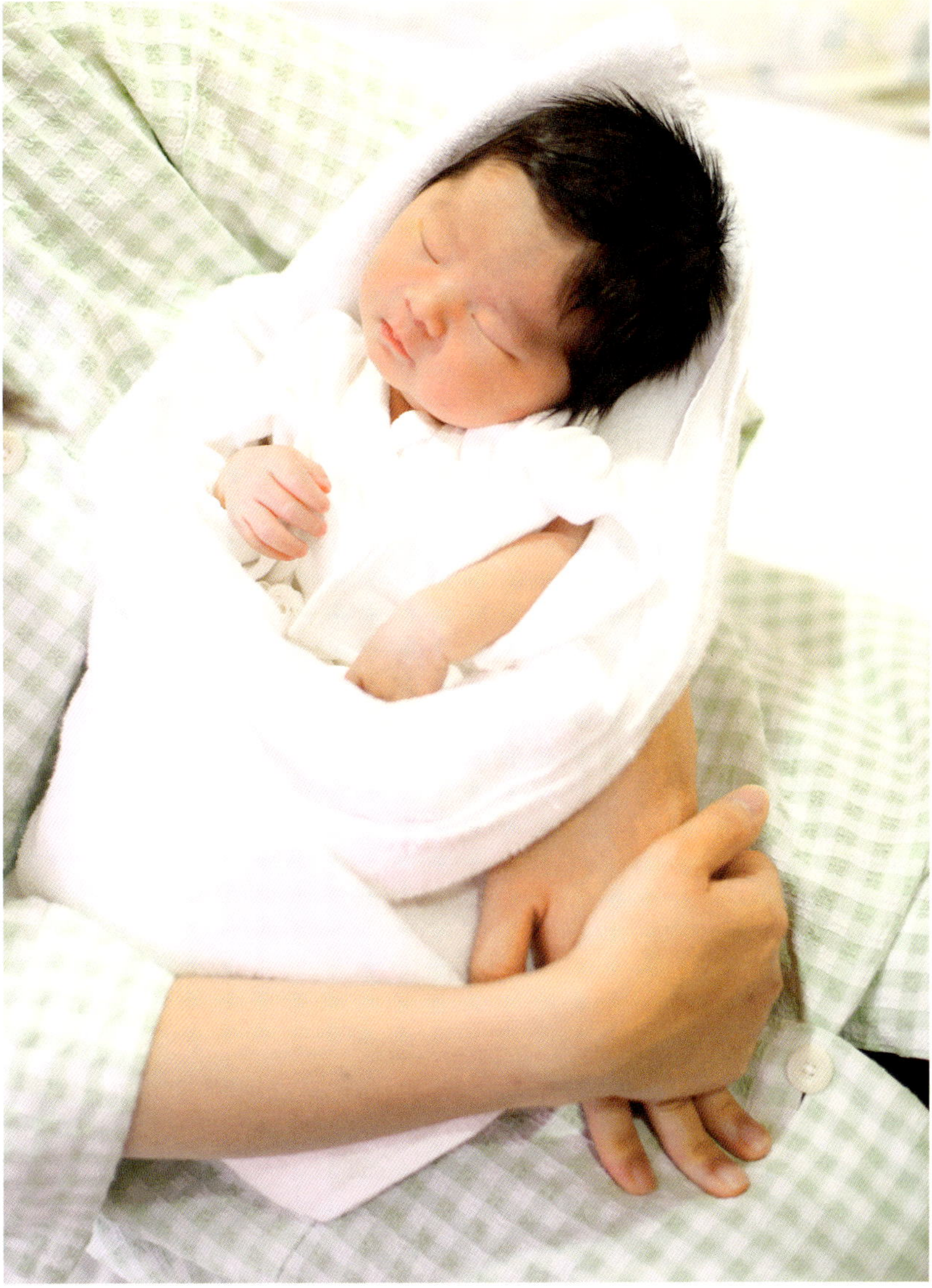

4章

先輩ママの体験談——「母性スイッチ」オンのきっかけはどこに?

この章では、ソフロロジーの考え方を学んで当院で出産されたお母さんたちに、ご自身の妊娠・出産を振り返り、語っていただいたことを紹介していきます。

Case 1

初めての出産を経験した大槻絵里さんの場合

出産経験一回/男の子を出産/産休に入るまで保育士として幼稚園で勤務。職場まで片道およそ三時間かけて通勤していた

〈初めはやっぱり不安がありました〉

私は、赤ちゃんに最初にしてあげられることは産院選びかなと考えていたので、妊活中からどんなところがいいかといろいろ探していて、それなりに長い妊活期間

でしたが、それが楽しみの一つになっていました。そんななかで「ソフロロジー」という言葉と出会って、妊娠したら大宮林医院でお世話になれたらいいなと考えていました。

妊娠がわかったときは、やっと赤ちゃんができたことがただうれしくて、でもすぐにつわりが始まって吐いてばかりで……。通勤電車の中でもずっと気持ち悪いわ冷や汗は出るわで、一駅停まるごとに降りて休んで、まさしく這って行くような感じだったんです。今思えば、そんな状況でなぜ三時間もかけてまで通勤していたのか不思議なんですけれど。つわりがこんなにつらいのに、産むのはもっとつらいって聞くし、だけど赤ちゃんができたってことは、もう産んであげるしかないし、でも私に本当に産めるの？と、どんどん怖くなっていってしまいました。毎月の健診でも、「本当にお腹に赤ちゃんがいるのかな」というどこか他人事のような感覚と、毎回毎回、赤ちゃんが元気でいてくれているのか、動いていなかったらどうしようという不安で、なんだか心の中は穏やかではありませんでした。

〈お腹に赤ちゃんを感じることで、気持ちは変わっていきました〉

だけど、妊娠五か月の頃、胎動が感じられるようになってからですかね、本当にここ（お腹の中）に赤ちゃんがいるんだって実感がもてるようになったら、徐々に気持ちも変わっていったように思います。ちょうどその頃、大宮林医院の母親教室に参加して、いろいろなお話を聞くなかで、お腹の中で赤ちゃんもがんばっているんだということ、私のところに来てくれたことは奇跡なんだということを素直に受け止められるようになって、気持ちも前向きになっていったんです。

〈リラックスの感覚を体で覚えてから出産に臨みました〉

母親教室ではソフロロジーのことも教わりました。そのなかで、リラックスすることがとても大切で、お産のときは陣痛の間欠期にどれだけ休息できるかがカギになるということだったので、教わった呼吸法を練習したり、マタニティヨガにも通ってリラックスの感覚を覚えるようにして過ごしました。呼吸法でもヨガでも、お腹の赤ちゃんを感じながら、ふだんなかなか意識を向けにくい体の各パーツに意識を向けるという感じなんですけど、不思議と体が緩んでいく感覚があって、体って案外いつも緊張しているのかも、と実感しました。

おかげでお産のときも割とリラックスして意識的に休むことができたかなと思います。おそらく、なにも知らなかったら陣痛の波に関係なくずっと痛い痛いって言っていたかもしれないけれど、「はあ、また来たな、ふう」って逃したり、陣痛の波を「これはちょっとゆっくりの波なんだ」「今回はちょっと痛みが強かったかな」と、冷静に向き合うことができたように思います。

〈赤ちゃんのことを思うと、前向きになれました〉

それから、妊娠中から赤ちゃんとたくさんコミュニケーションをとっておくことで、いざ産むときに赤ちゃんもがんばっているのを感じられるということも教わったので、それも実践していました。私は産休に入るギリギリまで仕事をしていたので、仕事中はお腹に赤ちゃんがいることをわかっていても、どうしても目の前の仕事に打ち込んでしまったりすることもあって。だから赤ちゃんがいることをしっかり意識して話しかけるようにしていました。ちょっとの時間でも赤ちゃんのことを考えるだけですごく明るい気持ちになれました。

出産当日は、陣痛中はずっと助産師さんが付き添ってくださって、的確なアドバイスややさしい声かけのおかげで、気持ちが折れることなく分娩台に上がることができました。けれど、子宮口が全開大になる手前、八センチくらいの間がけっこう長くて、まだしばらく陣痛が続くのかなって一瞬弱気になってしまったのですが、お腹の赤ちゃんのことを思ったら前向きな気持ちが復活してきたんです。産んでいる私は助産師さんや家族に囲まれて支えてもらっているけれど、この子は一人で暗い道を進んでいるんだから、弱音を吐いている場合じゃない！って。そうこうしていると、分娩室に林先生が入ってこられる姿が見えて、先生が来たってことはもう産まれるんだ！ってホッとしました。すると先生が開口一番、「お母さんも赤ちゃ

んも、長い時間よくがんばりましたね。あともうちょっとですよ」と言ってくださったんです。その言葉を聞いて、ああそうだったんだ、この子も私もがんばったんだっていうことに気づかされて、そうしたらものすごく勇気が湧いたんです。本当にあと少しでこの子に会えるんだって。最後のひと踏ん張りのときも、「頭がこのくらい見えましたよ」と助産師さんがお産の進行具合を教えてくれるのですが、もしなにも準備をしていなかったら「こんなちょっとしか見えてないなんて、一生かかるんじゃないか」って思っちゃったかもしれませんけれど、息子は少し道に迷っちゃってるところなのかなって、楽観的に明るく捉えることもできました。

〈産後も、気持ちは前向きだったと思います〉

本当は、「痛い」と言わずに格好よく出産したかったのですが、やっぱりそんなわけにはいかず……、「痛ぁぁぁい！」って思わず叫びたくなる（たぶん叫んでいたと思います）瞬間も実際にはありました。それでも、息を吐いて痛みを逃がすこと、リラックスすることは意識できていたんじゃないかなと思います。産後の入院期間には、二人目はいつ産もうかななんて、そんなことまで考える余裕があったくらいです。退院後も、初めての子育てでわからないことだらけのなかでも、とても前向きな気持ちのまま、赤ちゃんとの生活に入ることができたように思います。

お産は確かに大変でしたが、準備をして臨むことで私は乗り切ることができました。これからの長い子育て生活でも、妊娠・出産の感動を忘れることなく、夫と力を合わせて息子を大切に育てていきたいと、心から思っているところです。

Case 2

五回目の出産をした藤田真由美さんと夫・信昭さんの場合

出産経験五回／一人目～四人目はすべて男の子／第五子（長女）を大宮林医院で出産。夫、四人の子どもたち全員が出産に立ち会った／もともと看護師として働いていて、第三子の出産までは産休・育休をとりながらフルタイムで勤務。第四子出産後もパート勤務で仕事を続けていた

〈何回経験しても、不安はありました〉

私はこれまでに五回出産をしましたが、一度として同じお産はありませんでした。回数を多く経験したからといって慣れるわけでもありませんし、なんの不安もなくどんと構えていられるわけもなく、毎回なにかしら不安がありました。特に四男の

ときは、陣痛が来てから産まれるまでがあっという間で、一時間もしないで産まれてしまったんです。陣痛に苦しむ時間が短くてよかったという考え方もあるかもしれませんが、夜中に陣痛に気づいたときはすでに三分間隔になっていて、このまま自宅で産まれてしまうんじゃないか、そうでなくても病院へ移動する間に車の中で産まれてしまうんじゃないかって、本当にハラハラしたんです。赤ちゃんと一緒にがんばって出産したことを感じたかったのですが、そんな実感がないままで、なんとなく後悔が残ってしまいました。

だから五回目の妊娠がわかったときは、今回こそ最後の出産になるだろうと思いましたし、だからこそ一つひとつのことをしっかりと記憶に残して、赤ちゃんと一緒にがんばったと実感できるお産をしたいと思っていました。

〈林先生からの提案で、不安な気持ちが晴れました〉

四人の男の子の子育てをしながらの妊娠生活は、とにかくめまぐるしく、日々バタバタと時間が過ぎていきましたが、大宮林医院で過ごす時間は不思議と気持ちが落ち着いていました。毎回の健診の日が来るのがとても楽しみだったんです。たぶん、院内を流れる時間がとても穏やかだったからだと思います。

けれど予定日が近づいてくるとどうしても、四回目の出産のときの記憶がつきま

とってしまって、今回はいつ陣痛が始まるんだろう、そのとき私はどこでなにをしているんだろう、お兄ちゃんたちは突然私が入院してしまっても大丈夫かな、夫もお兄ちゃんたちも出産に立ち会えるかなと、不安がたくさんありました。そこへ林先生から、前回の出産の状況を踏まえると陣痛が来たらすぐに赤ちゃんが産まれる可能性が高そうだからということで、今回は計画分娩（陣痛促進剤を使用してあらかじめ設定した日に出産する方法）にしてはどうかと提案をいただいたんです。この方法なら、思い描いている出産ができるんじゃないかと期待がもてました。おかげで不安がいっきに解消したことを、よく覚えています。

〈ソフロロジーってこういうことか、とやっと納得できました〉

ソフロロジーについては、母親教室で教えていただきました。実のところ、ソフロロジーだと思って臨んだ出産は今回が初めてではなかったのですが、ようやく自分のなかで腑に落ちたというか、「ソフロロジーってこういうことだったんだ！」と納得できたんです。ソフロロジー＝呼吸法をして出産すること、だと思っていたのですが、林先生にお話をうかがって、方法論というよりは気持ちのあり方の問題なんだということがとてもよくわかったんですよね。いくら事前に呼吸法を練習しておいたとしても、出産のまさにそのときは痛くて落ち着いて呼吸法なんてできるわけないじゃないって、どこか懐疑的《かいぎてき》だったんです。けれどそういうことではなくて、いかにリラックスしていられるかということが重要なんだって、それを理解してからは、紹介していただいたソフロロジーの音楽を聞いたり、マタニティヨガに通ってみたりして、リラックスの感覚を身につけられるようにしました。自分がリラックスしているなと感じているときって、なんだか気持ちも楽になっているんですよね。そして必ず眠くなる。ああ、この感覚が出産のときにも役立つのかなという納得感が、頭と心と体にストンと入ってきました。子育てで手一杯のときも、上の子が学校や幼稚園に行っている間になるべく時間を見つけたり、寝る前のほんの少しの時間でも、お腹の赤ちゃんを感じてゆっくりリラックスするようにしていました。お兄ちゃんたちも、お腹に向かって話しかけてくれたり、健診にもついて来てくれて赤ちゃんのエコー画像を一緒に見たりして、家族みんなで赤ちゃんを迎える日を楽しみに待っていました。

〈出産のときもそのあとも、気持ちは楽でした〉

いざ出産のときは、当然のことながら五回目とはいえ痛みはやって来て、実は「ああ、もうこの痛みに耐えられない、無理かも……」と思う瞬間が一度ありました。分娩室に入ってから、いきみたいけれど、まだそのタイミングじゃないというときだったと思います。だけど助産師さんが「息をきちんと吐けていますよ」「痛みの逃がし方が上手ですよ」と、前向きにさせてくれる言葉をかけてくださったり、林先生の労いの声や家族が応援してくれる声が聞こえてきて、まだいける、大丈夫だ、お腹の中でこの子もがんばっているんだって、自然と赤ちゃんのことを感じられて、持ち直すことができました。そして赤ちゃんの頭が出てきた頃には、なんだかとても気持ちが楽になっていて、まだ産んでいる最中なのに、なぜだか「ああ、なんかいいお産だったな」なんて気持ちになっていたくらいでした。

出産後にも、それまでとは違うなと感じることがありました。過去四回の出産では、産後、休む間もなく授乳に気をとられて、つらさを感じながらも「やらなくちゃ」という義務感だけで、母としての役割を果たそうと無理をしていたところがあったかもしれません。実は産後の入院期間中に母乳がしっかり出たことはほとんどなかったんです。でも今回は早い段階から母乳が出ていて、あれ、なんか今までと違うって感じていたんです。入院中の食事が「おっぱいに優しい食事」と言って、とっても気を使っていただいていたことも影響していたと思いますが、たぶん気持ちにゆとりがあったという証拠だったんじゃないかなと、振り返っています。完全母児同室でしたが、助産師さんの指示を受けて赤ちゃんの世話をするというよりは、なにかあるたびにアドバイスと合わせて選択肢を提示してくださるので、自分で選択して、こうしたいと思う方向へ進めた感覚でした。まさしく自律的な出産になりましたね。

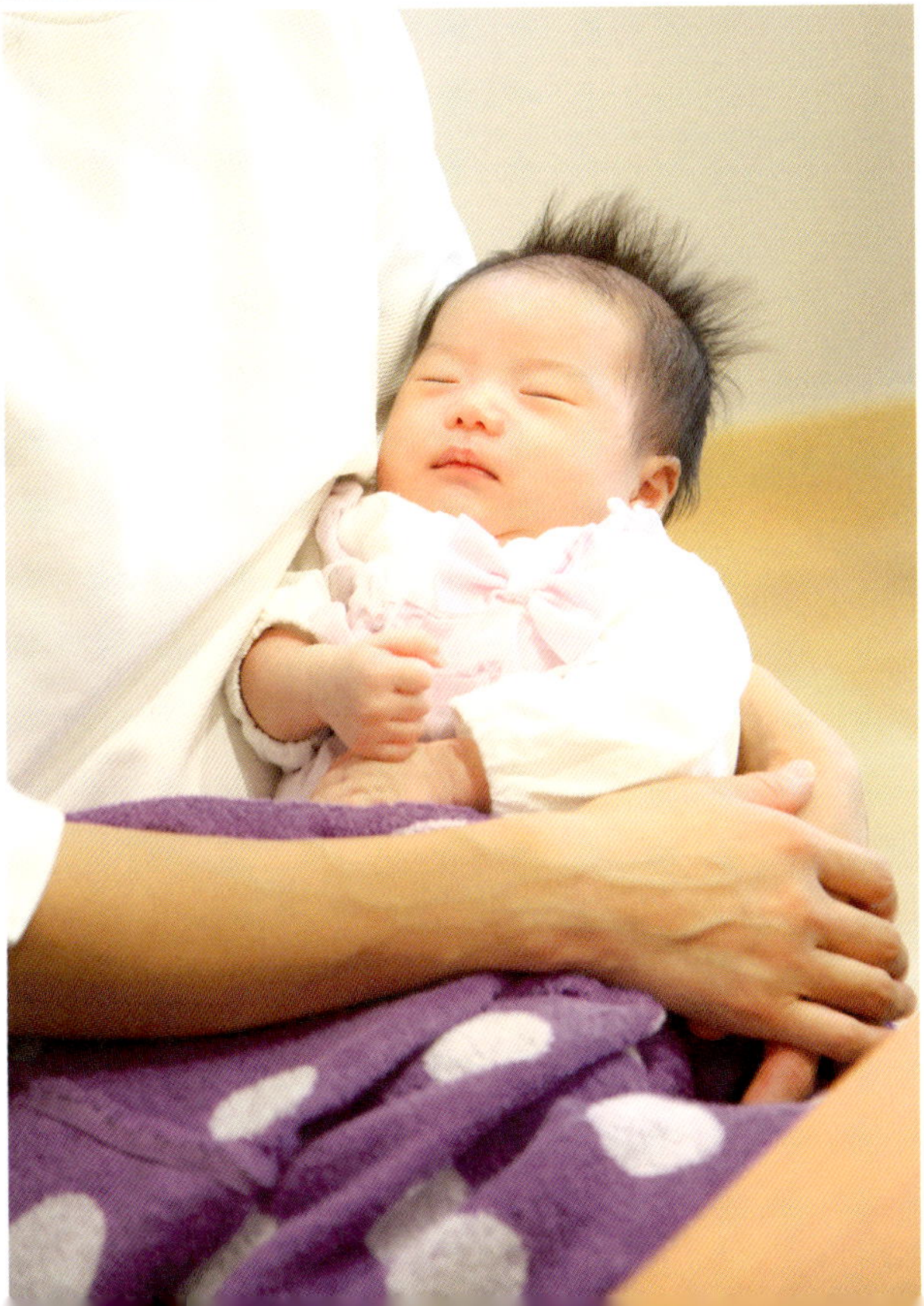

〈夫・信昭さんから見た大宮林医院での出産〉

今回は五人目の出産ということで、妻の年齢を考えても、怖いことが起こる可能性をこれまで以上に意識していました。夫・父の立場としては、どうしたって出産の当事者になれない、お腹を痛めて産むことは妻にしかできませんから、本当に妻と子どもの命を託せるのか、この産院で大丈夫かなって、思い悩みながらも信頼するしかないんですよね。私としては、あたりまえですが妻の命もお腹の赤ちゃんの命も、どっちも大事です。そうした面をくみ取っていただいたのか、赤ちゃんの命を守ることは当然、それと同じかそれ以上に母親への配慮も徹底されていたように感じます。なんというか、林先生も助産師さんも、ほかのスタッフの皆さんも、なんでも私たちの目線になってくれて、対応が決して主観的ではないんです。本当はめちゃくちゃ忙しいと思うんですけど、それをまったく表に出さずに気を配ってくださるので、こちらは安心してなんでもお願いできるし、心から感謝したくなるという感じでしたね。

今回は、上の子たちもみんなで一緒に出産に立ち会おうと決めていました。私にとっては、これまですべての出産に立ち会うたびに改めて感じてきたように、子どもを守っていくんだという父としての覚悟と、妻に対する感謝や愛情を再確認させてもらう場になりました。子どもたちにとっては衝撃的な光景かもしれないけれど、

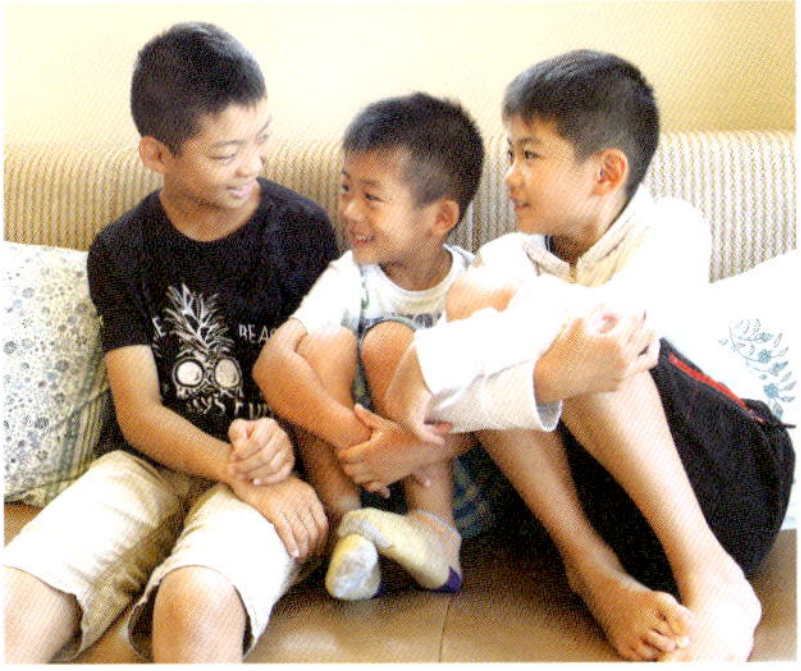

いつもはやさしくて強いお母さんが、苦しくてつらいなかでとにかく一生懸命、最高にがんばっている姿を見ることで、自分もこんなふうにして産まれてきたんだとか、産まれてくる赤ちゃんに対するやさしさとか、お母さんを手伝おうという気持ちとか、そういうものが芽生えるといいなという思いがありました。その甲斐あってか、お兄ちゃんたちは娘のことをとてもかわいがっています。娘と遊びたいから、苦手だった手洗い・うがいもしっかりできるようになりましたよ（笑い）。

私にとっても、子どもたちにとっても、長女の誕生はとてもかけがえのないものになりました。家族みんなで長女を迎えることができて、本当によかったです。

Case 3

姉妹で出産の体験を共有した藤縄由佳さん・濵まゆみさんの場合

藤縄由佳さん（姉）のプロフィール
出産経験三回（長男、次男、長女）。いずれも家族の立ち会いのもと、大宮林医院で出産／長男の妊娠中は夜勤あり、次男・長女の妊娠中は夜勤なしで、産休・育休をとりながら看護師として仕事を続けてきた

〈林先生は、昔も変わらずやさしいドクターでした〉

私はもともと、林先生が大学病院にいらしたときに、同じ職場で看護師として働いていました。林先生は産科の病棟、私は婦人科の病棟だったので、先生から直接的な指導を日々受けるわけではありませんでしたが、婦人科病棟に妊婦さんが入院される場合もあったので、そういうときには先生とやりとりをする機会がありました。その当時から、妊産褥婦さんに対してはもちろん、周りのスタッフにもていねいにやさしく接していらしたので、信頼できるドクターだなと感じていました。そんなご縁があって、長男を妊娠したときから長女の出産まで、大宮林医院でお世話になりました。

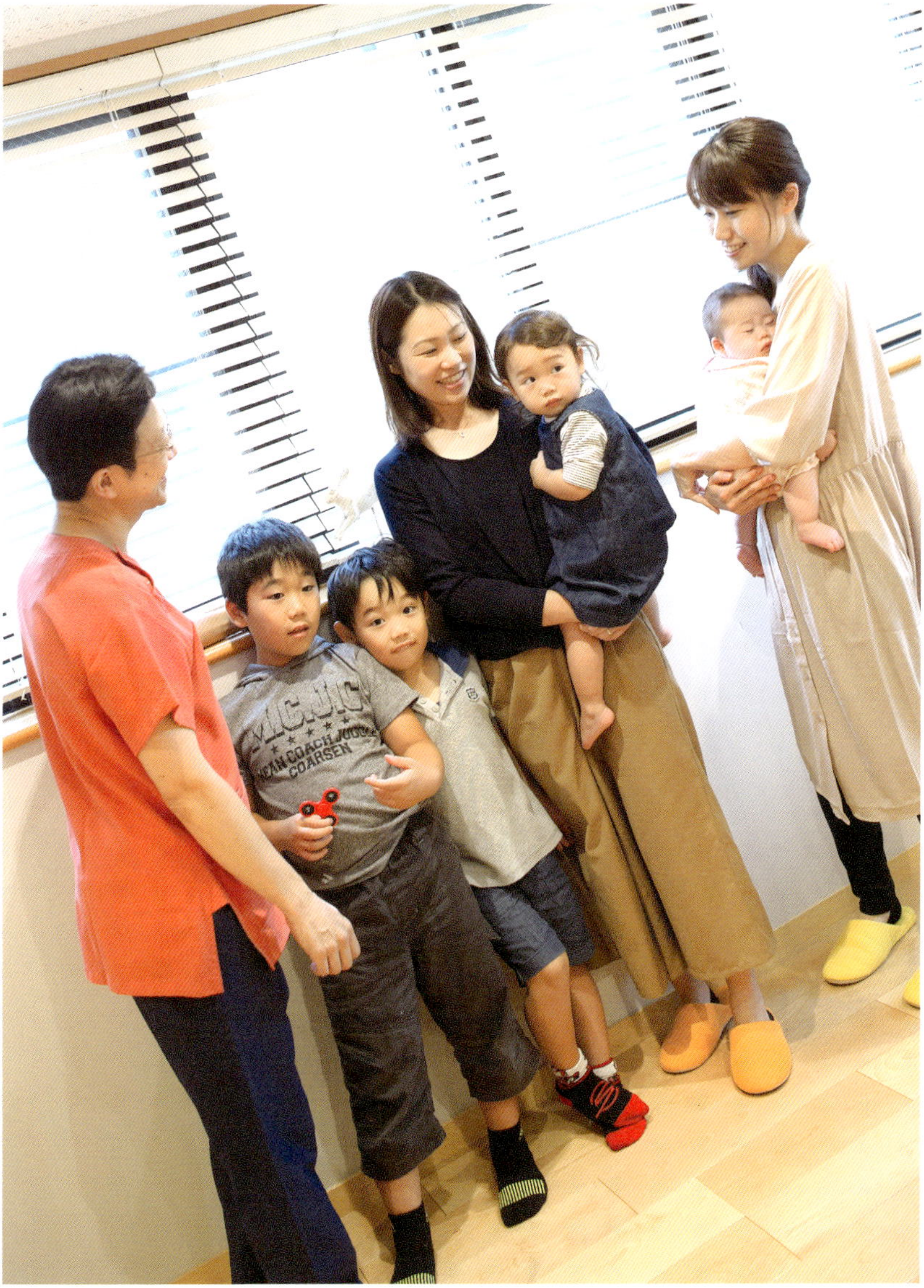

〈出産に対するイメージが、がらりと変わりました〉

直接的にお産のお手伝いをしていたわけではないものの、看護師としての経験があったり、学生時代には妊娠・出産について勉強もしましたが、それでもいざ自分のこととなると、出産は怖いもの、陣痛ってどんな痛みなんだろうと、恐怖心が起こりました。赤ちゃんは子宮の中にちゃんといてくれるのかな、順調に成長しているのかな、予定どおりに産まれるのかな、無事に産んであげられるかな、と心配ばかりしていました。

そんななか、母親教室で林先生のお話を聞いて、出産に対する考えが大きく変わりました。

長男の妊娠がわかった頃、大宮林医院で以前出産された職場の先輩が、母親教室で林先生が読んでくれて、すごくいいから読んでみたらと、ある絵本を紹介してくれました。『わたしがあなたを選びました』という、ある産婦人科医が書いた詩が載っている絵本だったのですが、とてもすてきな詩で、それを読んでから私も母親教室に参加しました。そこで、陣痛は赤ちゃんに会うために必要なもので、陣痛中はお母さんと同じように赤ちゃんもつらいなかでお母さん・お父さんに会うためにがんばっているんだということが理解できて、陣痛は怖いものじゃないんだ、乗り越えれば赤ちゃんに会えるんだって、イメージがポジティブなものへと変わったんです。

〈穏やかな出産をするために、できることを行いました〉

ソフロロジーの考え方についても母親教室で教わって、「出産＝怖いもの」とか、そういったネガティブな考えを変えていくことが大事なんだと、私は解釈しました。それから、赤ちゃんに声をかけながら、とても穏やかに出産されたというお母さんの話（1章参照）もうかがって、私もそういうふうにありたいなと素直に思ったんです。そのためにはリラックスして穏やかに過ごすことが大事だと教わったので、ふだんの生活でもそうできるよう心がけていました。

毎回の健診では、エコー画像を見ながらていねいに説明していただき、赤ちゃんの成長を知ることでとても安心できたことをよく覚えています。特に長女のときは、リアルタイムの動画を見られるエコー検査を行っていただいたので、今この瞬間にお腹の中で動いている赤ちゃんの様子を見て、愛おしさをより増して感じることができました。

産休に入ってからは、散歩をしながら目に映るきれいな景色をお腹の赤ちゃんに教えてあげたり、次男、長女のときは上の子たちがお腹を触わってくれたり、一緒に聴診器で赤ちゃんの心音を聞いてみたり、健診でいただいたエコー写真を見たりして、お兄ちゃんたちも一緒になって、赤ちゃんのことを感じることができていたと思います。

〈むりやりリラックスしようとしても、うまくいきませんでした〉

余裕のあるときには、マタニティヨガで呼吸やリラックスの練習もしてみました。ヨガのときは、目を閉じると不思議と眠くなってしまうことがありました。たぶん日常の疲れの影響もあると思うのですが、「ああ、疲れたあ」という疲労感ではなく、心地いい疲れに眠気を誘われるような感じでした。でも私の場合は、ヨガをすると毎回毎回そうなれたわけではなく、「今日もヨガをやらないと！」と義務感にかられていたときは眠くならなくて。そういうときは、やはりどこか緊張があったのかもしれませんね。

〈家族や助産師さん、先生のおかげでリラックスできました〉

出産には、毎回家族が立ち会ってくれました。陣痛のときは、助産師さんのアドバイスを受けて夫が腰をさすってくれたり、次男と長女のときは妹がずっと一緒に

いてくれて、上の子たちの面倒を見てくれたり、いろいろと世話を焼いてくれました。子宮口が全開大になるまで、階段の上り下りの運動をしたりスクワットするのにも付き合ってくれて、本当に心強かったです。それから、分娩の間ずっと付いてくださる助産師さんが、助産師さんが考える良い方向へ導こうとするのではなくて、お産をするお母さんのための環境をつくってくださっているのを感じて、とても安

心できました。こんなふうに、お産の間ずっと、周りにいてくれる人たちに支えられて、リラックスすることができていたと思います。

三回目、長女の出産では、実は陣痛の波をうまく捉えられずに、ちょっとパニックになってしまった瞬間があったのですが、助産師さんから「分娩室へ行きましょう」と言われたときには、「ああ、やっと赤ちゃんに会えるんだ」という気持ちでいっぱいになっていました。そうして分娩室へ移動したところで林先生の姿が見えたのがうれしくて、疲れもピークのときでしたが、本当にほんとうにもうすぐ会えるんだと、すっかり安心したのをよく覚えています。娘が無事に産まれてきてくれたときには、涙が自然とあふれていました。同じタイミングで分娩室に入って、隣でお産を終えたお母さんがカーテン越しに、「すごく冷静でしたね」と言ってくださったことが忘れられません。自分としてはパニックになりかけていたのですが、客観的には冷静に産めていたよと評価していただいたみたいで、うれしかったですね。

長女が産まれてからは、お兄ちゃんたちからしたら「妹」という特別な存在ができたからか、特に長男はやさしくなったように感じます。リラックスした状態で、家族と一緒に赤ちゃんを迎え入れたいという私の希望を三回とも叶えていただき、三人みんな、家族に見守られながら産んであげることができて、本当によかったです。

濵まゆみさん（妹）のプロフィール
出産経験一回。姉の第三子出産のおよそ一年後に女の子を出産／姉の出産には、次男と長女のときに立ち会った／姉の妊娠・出産から子育ての様子を一番近くで見てきた

〈命の誕生に、ただただ感動しました〉

私は自分が妊娠する以前に、姉の出産に二回立ち会うことができました。姉は、当時まだ妊娠・出産の経験のなかった私がお産の光景を目の当たりにしたら、かえって恐怖心を募らせてしまうのではないかと心配していたみたいですが、そんなことはまったくありませんでした。ただ純粋に、「赤ちゃんが産まれるってすごいな」と、小さな命が誕生することの圧倒的なパワーを感じて、怖さなんかよりも感動のほうがはるかに上回り、心が震えました。

〈自分にも赤ちゃんができたら、と思いは膨らんでいきました〉

一回目の立ち会いのときは、姉よりも私のほうが緊張して力が入ってしまって、

上のお兄ちゃんを抱っこしながら「がんばれ、がんばれ」と声をかけることで精一杯だったような気がします。二回目のとき、姉にとっての三回目の出産のときは、姉自身、分娩室で林先生の姿が見えた瞬間にすごく安心したと言っていましたが、そのとき空気がほわっと緩んだというか、姉が安心したのを感じたような気がしました。それだけ、林先生のことを信頼しているんだということが伝わってきましたね。

実際に、林先生も助産師さんや看護師さんも、スタッフの方は皆さん親切であたたかくて、お母さんと赤ちゃんだけでなく、付き添いの家族にもていねいに対応してくださったのが印象的でした。そういう雰囲気を感じていたので、自分にも赤ちゃんができたらこんなあたたかな環境で迎えてあげたいと、自然と思うようになっていました。

〈自分のこととなると、心配ばかりでした〉

姉の出産シーンを二度も見てきたとはいえ、いざ自分の番となると、やっぱり不安はゼロではありませんでした。赤ちゃんがお腹の中でちゃんと成長してくれているのか、陣痛の痛みを乗り越えられるのか、陣痛のときに赤ちゃんにしっかり酸素を送ってあげられるかなと、心配してばかりで。でも、健診に行くといつも林先生がていねいに診察して、赤ちゃんの様子を詳しく教えてくださったので、そのたびにホッと胸をなでおろしていました。

〈不安は楽しみに変わっていきました〉

母親教室に出てからは、不安よりも楽しみな気持ちがどんどん大きくなっていきました。陣痛のこと、陣痛のときの呼吸のしかた、ソフロロジーのこと、いろいろなお話を聞くなかで、「早く赤ちゃんに会いたい」「抱っこしてあげたい」「会える日が楽しみ！」と、明るい気持ちになっていったんです。それからは、自宅でマタニティヨガをしたり、ソフロロジーの音楽を聞いてゆったり過ごすようにしました。赤ちゃんに話しかけながら近所を散歩したり、健診のたびにいただくエコー写真をアルバムにまとめて眺めたり、『わたしがあなたを選びました』の詩を何度も読んだりもしましたし、最も身近な先輩ママである母や姉にアドバイスをもらったり、一緒に産着などを買いに出かけたり、赤ちゃんのために今自分ができることを精一杯やろうと、前向きな気持ちで過ごしていました。姉の子どもたちも、会うといつも「いとこ、いとこ」と言ってうれしそうにお腹の赤ちゃんに声をかけてくれて、そういう光景を見るのもうれしかったですね。

〈娘に会えた喜びはなにものにも代えられません〉

出産当日、娘は、周りがびっくりするくらい、あっという間に産まれてきてくれました。分娩にかかったのは六時間だったのですが、私の体感としてはもっと短かかったほどです。陣痛のときは呼吸を止めずに痛みを逃がすようにすること、呼吸をしっかりして赤ちゃんに酸素を送ること、そう教わっていたので、「とにかく赤ちゃんに酸素を」と、そのことばかり考えていたからかもしれません。

そうは言っても、陣痛が痛くなかったというわけでは決してありません。どんどんどんどん痛みが強くなっていくなかで、これ以上さらに強い痛みが続くのかなと、気持ちが途切れかかったそのとき、助産師さんが「さあ、赤ちゃんに会いに行きましょう！」と声をかけてくださったんです。「そうだ、あんなに楽しみにしていた赤ちゃんに会えるんだ」って、力を取り戻すことができました。

娘が産まれた翌日、すごく澄んだ娘の目を見ていたらなんだかうれしくて涙が出てきてしまって。そこへちょうど助産師さんがいらして、私が泣いていたからびっくりさせてしまいました。でもうれし涙だと伝えたら、ご自身も同じ経験があったのよと、私の心にすうっと寄り添ってくださるのを感じて、またうれし涙があふれてきました。おかげで産後も穏やかな気持ちのまま、初めての育児をすることができました。

今でも、思い出すと涙が出てきてしまうくらい、初めての出産は私にとって幸せな経験になりました。これまでは立ち会う側でしたが、奇跡が起こって私たちのもとへやって来てくれた大切な娘を、今度は私が家族に見守られながら、安心できる場所であたたかく迎えることができて、本当にうれしく思っています。

5章 「母性スイッチ」をオンにする体内物質？

先輩ママたちが、納得のいく出産を迎えられたわけ

4章で紹介したお母さんたちの出産は、なぜあのように、ご本人にとって良い体験になったのでしょうか。

皆さんに共通しているのは、大なり小なり出産に対する不安はあったこと、そして陣痛はやはり痛くて苦しいものだったということです。しかし、皆さんどこかのタイミングで気持ちが前向きになり、母性スイッチがオンになったことで、良い形で陣痛を乗り越えることができたのだと思います。常に意識が赤ちゃんに向くようになったことが、母性スイッチをオンにさせた大きな要因と考えられます。

同じ出産という体験でも、人によって感想が違います

さて、ちょっと想像してみてください。今まさに陣痛が来ている最中の二人のお

母さんがいらっしゃるとします（二人とも、妊娠中も仕事と家事を両立してきました）。陣痛の間欠期のときの様子はというと、Aさんは少し笑顔も見られます。Bさんはとてもつらそうな表情をしています。まったく対照的です。

お産のあとで、まずAさんにお産はどうだったか尋ねると、「正直けっこうきつかったですね。途中でああもうダメかなって思った瞬間が何度もあったんですけど、赤ちゃんも私に会いに来るためにがんばってくれていると思ったら負けていられないと思って。確かに痛かったけれど、不思議と嫌な痛みではありませんでした」とおっしゃいます。

Aさん
陣痛の間欠期のときの
2人の様子は……
Bさん

片やBさんはというと、「覚悟はしていたけど、こんなに痛いと思いませんでした」というお答えです。疲れ果ててぐったりしていて、話しかけるのもはばかられる雰囲気です。「あんなに痛かったのに、赤ちゃんのお顔を見たら痛みも吹っ飛んだとおっしゃるお母さんもいるんですよ」とお伝えすると、「本当ですか？　私は絶対にこの痛みを忘れられそうにありません」とおっしゃるのです。

陣痛を経て待望の赤ちゃんに会えたという体験は同じなのに、どうしてこんなに感想が違うのでしょうか。それぞれのお母さんの妊娠中の生活をひもといてみることにしましょう。

「母性スイッチ」をオンにするための秘訣

まず、Aさんはというと、初期にはつわりのつらさはあるものの、「気持ち悪いな、しんどいな。でも赤ちゃんが元気に育ってくれている証拠なのかな」と考えていました。だんだんつわりの時期が過ぎて胎動がわかるようになってくると、「あっ、赤ちゃんが動いたような気がする」「最近はけっこう動きをはっきり感じるようになってきたな」とちょっとした変化も感じ取る。お風呂に入っているときに赤ちゃんがポコポコと動けば「あっ、赤ちゃんも気持ちいいんだね」と話しかけたり。産休中は公園に散歩に行って花が咲いているのを見ると「あっ、ほら見て見て、きれいなお花が咲いてるよ。来年の今頃は、パパも一緒に見に来ようね」なんて、まるでお腹の赤ちゃんが隣にいるかのように、赤ちゃんとたくさんお話をしていました。

一方Bさんですが、初期のつわりの間は、気持ち悪くて食べるどころではないし、水分をとっても吐いちゃうし、もうなんだかずっとだるくて、寝ているときも身の置き場がなくてとにかくしんどいな、という感じです。

だんだんつわりが治まる頃になると、今度は体型が変わってきて、気に入っていた服が着られなくなっちゃうし、仕事はセーブしなければいけないし、趣味のスポーツクラブには行けなくなっちゃうし、なんだかストレスばっかりたまっちゃう……と、どちらかというと、何事もマイナス思考で考えてしまっていました。

では、４章で紹介したお母さんたちのような出産体験をしていただくために理想的な妊娠中の過ごし方がどのようなものかというと、もちろんもうおわかりですね。Aさんは、妊娠中からやはり赤ちゃんに常に意識が向いていたことで、母性スイッチが良い形でオンになっていたと考えられるでしょう。

だけど、Bさんの気持ちもよくわかるし、自分もそうなってしまうかもと心配されている方もいらっしゃいますよね。実は、母性スイッチがオンになって理想的な状態で出産を迎え、子育てにスムーズに入っていくことができるのには、あるホルモンが関係していると言われています。

Suya Suya Suya puca Suya...
puca puca Suya Suya...
a puca pata pata pata

Peace
Under Standing
Love
Play
こどもにとって大切なもの

「母性スイッチ」をオンにする愛情ホルモン

妊娠中から、お母さんがお腹の中の赤ちゃんのことを気にかけながら、たくさん会話をしたりコミュニケーションをとっていると、あるホルモンがたくさん分泌されると言われています。そのホルモンは「愛情ホルモン」「幸せホルモン」「母性ホルモン」なんて呼ばれたりするのですが、その正体は「オキシトシン」[注1]です。

オキシトシンは、母性スイッチをオンにしてくれる、すばらしい働きをもつことがわかっています。それは、母であることに順応させてくれる働き――たとえば赤ちゃんを慈しむ気持ちが湧いてきたり、危険が迫ったときに赤ちゃんを守ろうとする行動をとるなど――、不安を抑制する働き、痛みの知覚を抑制する働き、ストレスを抑制する働きといったものです。お母さんにとって、実に頼もしい役割を果たしてくれるホルモンであることがわかりますよね。

注1　オキシトシンは脳内で産生されるホルモンです。よく知られている働きとしては、分娩時に子宮の収縮を促して分娩の進行にかかわったり、産後に子宮を妊娠前の状態に戻すのに役立ったり、乳腺に働きかけておっぱいの射出（射乳）を促進するというものがあります。

痛みを和らげる脳内麻薬

もう一つ、陣痛のときに大きな役割を果たしてくれる体内物質があります。それは、「脳内麻薬」とも呼ばれるものです。

麻薬と聞くと驚かれるかもしれませんが、麻薬は医療にも使われています。医療で用いる麻薬の一つに「モルヒネ」[注2]がありますが、とても強い鎮痛効果をもちます。実は、人間の脳の中でもその物質に似たようなものが放出されているのです。なかでも特に効力があるものとして、「βエンドルフィン」と言うものがあります。なんとモルヒネの数倍の鎮痛効果をもつと言われています。

「ランナーズハイ」という言葉を聞いたことがあると思います。長時間走り続けていたランナーが、すごく苦しいけれど、あるところを超えた瞬間、急にふっと体も心も楽になって、なんだかハイな状態になる、というものですね。あのランナーズハイという状態も、運動の負荷によって、βエンドルフィンの放出が増えた結果として起こるものだと考えられています。

このように、βエンドルフィンの放出は運動負荷など、ストレスがかかることによって増えてくるのですが、真逆の状況、つまりリラックスしているときにも増えると言われています。お産のときには、長時間にわたる陣痛というストレス負荷がかかることによってβエンドルフィンが放出される一方で、間欠期にしっかりと陣痛を逃がして休息し、リラックスすることでも放出されるのではないかと考えられています。

注2　モルヒネは、がんの患者さんなどに対し、通常の痛み止めではなかなか痛みがとれない場合などに用いることがあります。

6章 ひとりでできる「母性スイッチ」オンの方法

「母性スイッチ」オンには、まずリラックスすることから

ここまでの章で、妊娠中からリラックスして過ごすことが、母性スイッチをオンにするには大切だということが、なんとなくおわかりいただけたかと思います。では、リラックスとはいったいどんな状態かということを具体的に体感していただくために、ちょっとここで実験をしてみたいと思います。体調がすぐれなかったりお腹の張りが気になる方は、無理に行わないように注意してくださいね。

その場であぐらの姿勢をとれるでしょうか。体が柔らかい方は足の裏をぴたっと合わせてもいいです。それはつらいという方は、前後に組んでもいいです。ご自身が楽な形であぐらの姿勢になってください。あぐらは、実は妊婦さんにとって、とても良い姿勢なんです。妊娠中はどうしても下半身の筋力が弱まってきますが、あぐらの姿勢をとることによって、骨盤の底を支えている筋肉を鍛える効果も期待で

きるのです。ただ、ここでは筋トレをしましょうということではなくて、「リラックス」とその対極にある「緊張」の状態を体感していただきます。準備はよろしいですか？

「緊張」と「リラックス」を体感してみましょう

まず、あぐらの姿勢のまま、大きく二回深呼吸してください。鼻からゆっくり息を吸って、口からゆっくり吐き出します。吐くときは、口をすぼめてゆっくり長くやさしく「フゥーーー」と吐いてみてください。肺の中を空っぽにするようなイメージです。二回深呼吸を行ったら、三回目は、大きく吸い込んだところで息を止めてみてください。息を止めたと同時に、一〇秒間、お尻の穴をぎゅーっと閉じてください。一〇数え終わったら、ちょっと大げさなくらいに「フー」と力を抜いてください。

① 深呼吸を大きく2回します。
鼻からゆっくり吸って、
口からゆっくり吐き出しましょう。

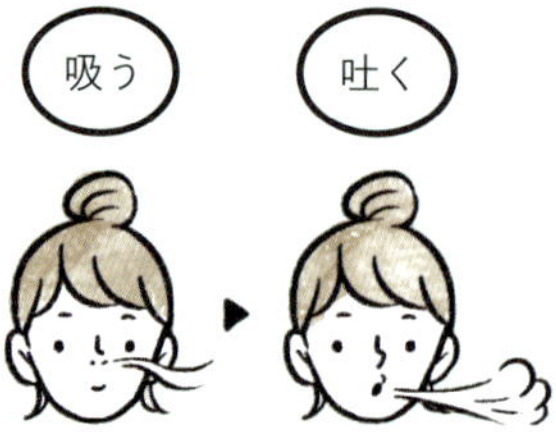

② 3回目は、鼻から吸い込んだら
10秒間息を止めます。
お尻の穴もぎゅーっと閉じましょう。

③10秒経ったら、
「フー」と力を抜いてください。

⇨お尻の穴以外にも
力が 入っていませんでしたか？

いかがでしょう。お尻の穴をがんばって閉じようとすると、なんだかほかのところにも力が入っちゃいませんでしたか？　肩が力んだり、足を踏ん張ったり、手をぎゅっと握ってしまったり。

では、もう一度同じことを行います。次は、同様にお尻の穴は閉じますが、ほかはなるべく意識してリラックスしてみましょう。では、深呼吸からいきますね。鼻から大きく息を吸って、口から「フゥーーー」とゆっくり吐きます。もう一度鼻から吸って、それも吐きます。次は止めますよ。鼻から大きく吸って、吸い込んだところでお尻の穴をぎゅーっと閉じて一〇秒間息を止めます。お尻の穴以外はリラックスですよ。

今度はどうでしょう。文字を追いかけながら一度行ってみただけだと、あまり違いがわからないかもしれませんが、一回目のように全身のあちこちに力が入ったガチガチの状態で仮に三〇回行うのと、二回目のように緊張は最小限になるよう意識してリラックスして行うのとでは、終わったあとの疲れ方がまったく違ってきます。長丁場の出産では、陣痛の間欠期にしっかり休息することが大切だというお話をしましたが（2章参照）、それを納得していただけると思います。

全身の力を抜くことが、本当のリラックス

さて、今あぐらの姿勢でこの本を読んでいるということは、当然、本を持っている手や腕、頭を支えている首にも力が入っている状態です。本を置いて（本が読めなくなってしまうので、これ以降しばらくはどなたかに音読してもらってもいいですよ）、手や腕の力を抜いてみましょう。首の力も抜いてみましょう。そうするとうなだれてきます。目を開け本を読んでいるということは、まぶたにも力が入っていますから、目を閉じてまぶたの力も抜いちゃいましょう。全身だらーんと脱力してください。うしろから少し強い力で押されたら、ふっと前につんのめってしまうような感じです。そういうイメージでちょっと力を抜いてみてください。

その状態で、ご自分にとってリラックスできる光景をイメージしてみてください。たとえば、晴天の日の昼下がり、公園の芝生の上に寝転んでぼうっと空を眺めながら、ゆっくり動く雲を眺めている姿でもいいですし、山あいの温泉で、きらきら輝く星空のもと、広い露天風呂に浸かりながら手足をいっぱいに伸ばしている光景でもいいですね。

いかがですか？本当の意味でのリラックスというのは、全身の力を抜くことです。お母さんとお腹の中の赤ちゃんとは一心同体です。ですからお母さんがリラックスしている状態というのは、お腹の中の赤ちゃんにとってもすごく居心地のいい状態なんですね。一方で、お母さんが緊張して体がガチガチだと、赤ちゃんにとってあまり居心地のいい状況ではないわけです。「お風呂に入っていると赤ちゃんがすごくよく動くんです」とおっしゃるお母さんがけっこういらっしゃいますが、それはお母さんがリラックスしているからなんですね。だから赤ちゃんも居心地がよくてのびのびとよく動くのです。

では、ゆっくり目を開けてみてください。

今ご紹介したように、あぐらの姿勢でぼうっとするのって、けっこう気分転換にもなります。短い時間でもかまいません。あぐらの姿勢で腹式呼吸（深呼吸）をする習慣を、ぜひ生活のなかに取り入れてみてください。

「ソフロリミナルな状態」を目指しましょう

さて、さきほどあぐらの姿勢でリラックスできる場面を思い浮かべていたとき、眠気に襲われた方がいたかもしれません。眠りに入る直前の状態を、ソフロロジーでは「ソフロリミナルな状態」といいます。心も体も最も解き放たれた、究極のリラックス状態です。陣痛の間欠期に目指したいのは、まさしくこのソフロリミナルな状態です。

「リラックスすることが大切だとは理解できたけれど、実際、忙しいなかでリラックスできる時間はあまりないし、ましてや陣痛で苦しんでいるときにリラックスなんて本当にできるんですか？」と思われたかもしれません。しかし、自分がリラックスしている感覚を身につけること、いつでもリラックスできるように練習しておくことはやはり、妊娠・出産、その後の子育てにとても良い効果をもたらしてくれます。5章で紹介した、オキシトシンやβエンドルフィンといった物質の放出を促すためにも、ソフロリミナルな状態になれるのは非常に良いことです。

心と体をソフロリミナルな状態にする方法

では、そのためにどうしたら良いかと言うと、妊娠中からお腹の赤ちゃんを常にイメージしてあげることが第一です。具体的には、お腹をさすりながら赤ちゃんに話しかけてあげてください。たくさんコミュニケーションをとってあげてください。

ほかにも、日常の生活に取り入れると効果的なこととして、たくさん物事に感動すること、感動したことを口に出して感情を素直に表現することがあります。「あぁ、きれいな景色だな」「あのお花きれいだな」「このお料理、おいしいな」と、心で思うだけでなく、それを口に出して感情を素直に表現したほうが良いと言われています。さきほど紹介したような、あぐらの姿勢でゆっくりと腹式呼吸をして呼吸を整える時間をつくるのも効果的です。忙しいなかで時間をみつけるのはなかなか難しいかもしれませんが、最初は、夜ふとんに入る前のわずかな時間に一回五分程度でもかまいません。可能であればそれを一日に二回、三回と増やしてみてくださ い。あとはなるべく夜更かしをせず、朝型の生活に切り換え朝陽をたっぷり浴びてください。

繰り返しになりますが、ご自身にとってリラックスできることを行うのが一番です。おいしいものを食べて幸せを感じたり、好きな音楽を聞くのも良いでしょう。ソフロリミナルな状態をつくり出すために考えられたソフロロジーの音楽を聞くのもおすすめです（入手の方法は巻末にご紹介しています）。

バースプランを考えて、出産のイメトレをしましょう

リラックスの感覚が身についたら、どんな出産をしたいか、自分なりのバースプランを考えてみてください。まずはご自分が主体性をもってご自身の出産に臨むことが大切です。

そして、赤ちゃんがお腹の中から産道を通って外に出てくるときのイメージトレーニングも行ってみてください。小さな体で暗くて狭い産道を少しずつゆっくり出口に向かって進んでくる、がんばる赤ちゃんの姿を。自分だけでなく、赤ちゃんも一生懸命にお母さんや家族に会いに来てくれるということを、より強く感じられるかもしれません。

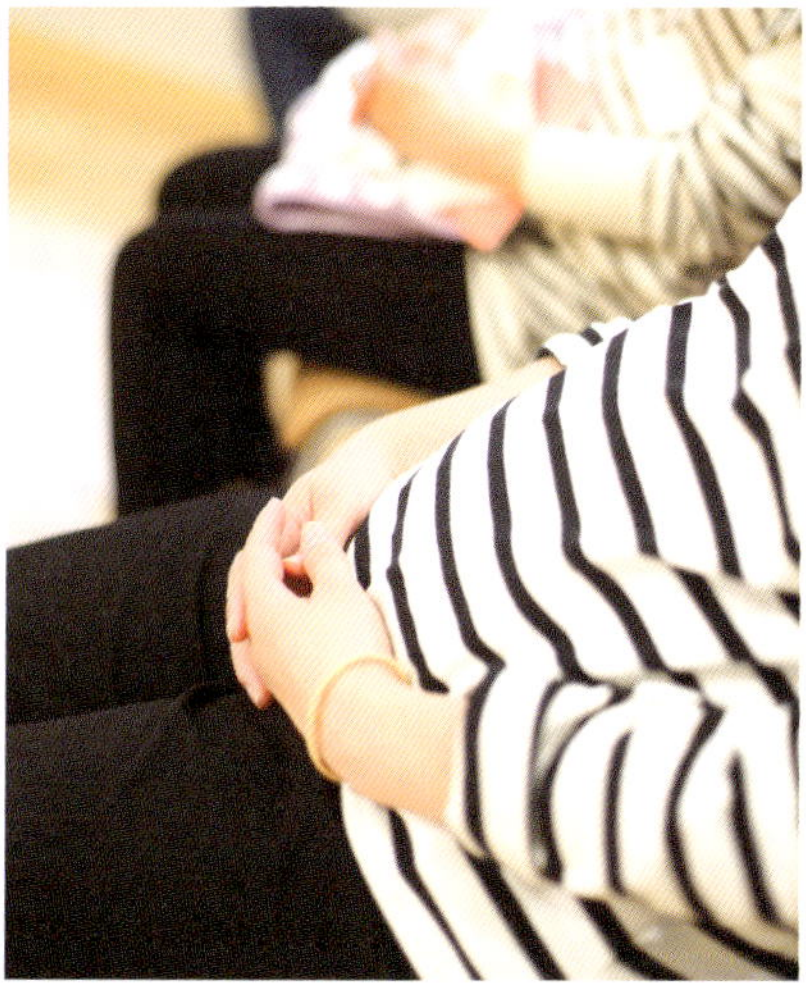
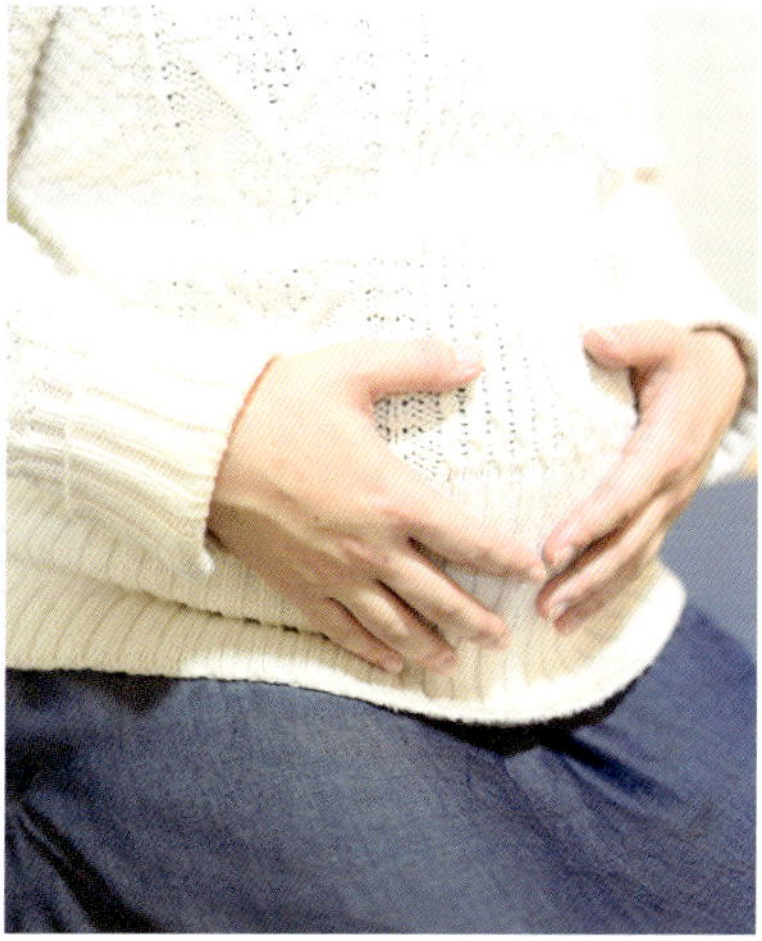
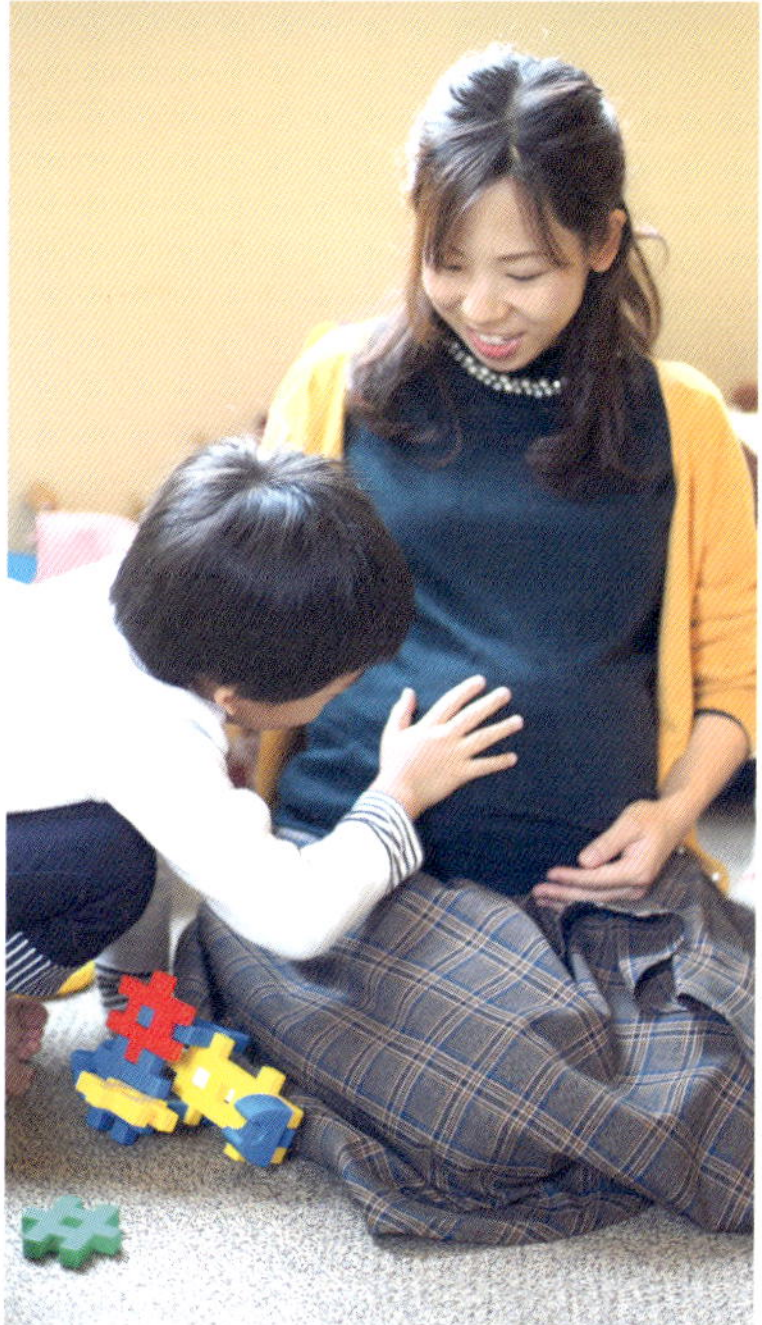

安産に向けて、体づくりも大切です

さて、リラックスやイメージトレーニングのほかに、もう一つ大事なことがあります。それは体づくりです。私は正期産と言われる三七週に入ったら、体調がよくて経過が順調な妊婦さんに対しては、一日二時間のウォーキングをしてください、お散歩じゃなくてウォーキングですよ、スクワット[注1]も行ってくださいと、けっこうスパルタに指導しています（もちろん、妊婦さん一人ひとりの状態をよく見極めて指導をしていますので、運動する場合にはご自分で判断せずに、主治医に確認してくださいね）。

体づくりがなぜ必要かというと、出産予定日が近づいてきたら自然とお産に適した体の状態になってくれるわけではないからです。体づくりをせずに出産に臨むのは、ふだんまったく運動しない人がなんの準備もせずにフルマラソンを走るようなものです。よーいドンでスタートしても、完走なんて無謀な話ですし、けがをする可能性大ですよね。お産も一緒です。たくさん運動しておけば、そのぶん陣痛が早く来るということではありませんが、体づくりをきちんとして出産に臨んだ産婦さんのほうが、そうでない方よりも分娩所要時間は短くなる傾向があります。同様に体もなるべく柔らかいほうが良いので、マタニティヨガもおすすめしています。

注1　スクワットは通常の方法とは少し違います。壁と向かい合った状態で、乾いたタオルなどを壁に当てて上下にスライドさせるようにして行います。壁に体重をあずけるのではなく、壁を支えにしてバランスをとるイメージです。これなら、バランスを崩して後ろに倒れることもなく行っていただけると思います。まずは一日一〇回から始めて、徐々に回数を増やし、五〇回を目標にがんばりましょう。

○

×

陣痛のときは、ソフロロジーの呼吸法でリラックス

陣痛のときの呼吸法についてもお伝えしておきましょう。

陣痛のときは「ただゆっくり息を吐くこと」に集中してください。さきほど、あぐらをかきながら行っていただいた腹式呼吸のように、口をすぼめてゆっくりやさしく「フゥーーー」っと、とにかく吐き切る、これだけで良いのです。息を吐き切ってしまうと苦しくなるので、自然とスーーっと息を吸い込みますから、吸うほうは特に意識する必要はありません。むしろ吸うことを意識しすぎると、「スッスッスッスッ」と過呼吸になってしまうことがあります。こうなると、息を吸っているようで実は体内にはまったく酸素が取り込めていない状況に陥ります。

陣痛で痛くてつらいときでも、とにかく息を吐くこと、これだけで痛みを上手に逃すことができます。それから、むだな力が入って呼吸するのを止めてしまうというのも防ぐことができます。つまり、赤ちゃんにしっかりと酸素を送ってあげることができるのです。もし、陣痛中に周りにサポートしてくれる人がいなくて、一人きりになって不安や恐怖が襲ってくるような状況でも、ぜひこの「息を吐くこと」を意識して実践してみてください。そしてなにより、お腹の赤ちゃんを思うことを忘れずにお産に臨んでほしいと思います。パニックになりそうになったら、一緒にがんばっている赤ちゃんの顔を思い浮かべてみてください。そうすればきっと、赤ちゃんがあなたにパワーを与えてくれるはずです。

7章　「おなかの中よりあたたかい場所」を目指して

「おなかの中よりあたたかい場所」の原点

あれは、父がクリニックを営んでいた当時、私が小学校四年生か五年生くらいの頃だったと思います。

ある日の夕方、二歳年下の弟と、クリニックの前でキャッチボールをして遊んでいました。そこへ幼稚園児くらいのお子さんを連れたお母さんが通りかかり、クリニックの建物を指さしながら、「あなたはここで産まれたのよ。すごく大きな声で泣いてくれて、お父さんも、おじいちゃんもおばあちゃんも、とってもうれしかったのよ」と話す声が聞こえてきたのです。

そのときは、そのお母さんの言葉の意味や思いを受け取ったというわけではありませんでしたが、子どもながらに、自分の父は赤ちゃんが産まれるお手伝いをしているということを漠然と認識したのでした。「あの子はウチで産まれたんだ」と、不思議な気持ちがしたのを覚えています。その光景が、潜在意識のなかにインプットされたというか、なんとなく記憶に残っていたんですよね。

それから時を経て、医学部を卒業して医師になったとき、私は産婦人科の道を選びました。その時点で、将来はここに戻ってきて、父のように地域のお母さんたちのお産のお手伝いをしたいと思っていました。実を言うと、産婦人科医になることを母は大反対しました。もちろんそれは、お母さんと赤ちゃんの命を預かる重圧や睡眠時間の短さなど、産婦人科の開業医としての父の苦労を一番そばで支えていたからこそだと思います。当の父からも、産婦人科を選べとは言われませんでした。

けれども、小学生のときに見たあの光景が焼きついていて、地域に根づく、その火を絶やしてはいけないような、使命感というほどのたいそうなものではないのですが、そんな思いがあり、また尊敬する恩師との出会いに導かれ、産婦人科に進みました。

スタッフとともにつくり上げてきた「おなかの中よりあたたかい場所」

「おなかの中よりあたたかい場所」というのは、私たちが目指す当院の理想の姿です。スタッフとともに考えに考えた、当院のミッションです。これを実現するため、私は「ホスピタリティ」を大切にしたいと考えています。

OMIYA
HAYASHI
CLINIC
医療法人
大宮林医院
産　科・婦人科

スタッフしょうかい

日々の実践のなかでホスピタリティを意識できれば、お母さんたちの「母性スイッチ」をオンにするために、ソフロロジーの考えをより効果的に心と体に取り込んでいただけるのではないかと感じたからです。

ソフロロジーとの出会いについてはすでにお話ししたとおりですが、ホスピタリティとの出会いもまた、私にとっては偶然であり必然の出来事でした。

十数年前、私がまだ大学病院に勤務していた頃、父からクリニックを引き継ぐとしたらこんな施設にしたいと、漠然としたイメージをもちながら、そろそろ開業に向けて具体的に動かなければと考えていたときでした。

たまたま訪れた書店で、『感動を創るホスピタリティ』という本をなにげなく手にとりました。今でこそ、「ホスピタリティ」はどんな業界でも重視されるようになってきていますが、当時の私にはあまりピンとこない言葉でした。でもなぜだかとても惹きつけられて、手にとってパラパラとページをめくってみたところ、「これだっ！　私が求めているのはこの世界観だ」と、稲妻が走ったんです。さっそく購入し、あっという間に読破しました。

なんだか不思議なパワーに背中を押されるように、それからホスピタリティの勉強会に参加し、好運なことに、その書籍の著者でもあり、伝説のホテルマンと言われた故・橋本保雄先生や、日本のサービス産業におけるホスピタリティの第一人者

である力石寛夫先生らから直接ホスピタリティとはなんぞやという教えを請う機会を得ることができました。お話をうかがうほどに、私があのとき書店で覚えた直感が輪郭を帯びていくようでした。そしてスタッフとともにホスピタリティのあり方を模索しながらこれまでやってきました。

本当の意味で、気持ちに「寄り添える」ように

一緒に働いているスタッフの仕事ぶりを見ていると、見習うべきところがたくさんあります。たぶん皆、人生で何度あるかわからない出産という特別なイベントのお手伝いをさせていただけることのありがたみを噛みしめていて、お母さんたちの「こういう出産をしたい」「こんなふうに子育てをしていきたい」という思いを受け止め、お母さんと赤ちゃんにとってベストな選択をご自身でしていただけるようにと、常に真剣に向き合ってくれているんだと思います。私とスタッフの意見が異なる場面もありますが、私よりも、お母さんをそばで見ている彼女たちの言うことのほうが正しいことが多いのです。そこには彼女たちのホスピタリティを感じます。ホスピタリティといっても、接遇のスキルとかマニュアル的なものではなくて、スタッフそれぞれの、お母さんと赤ちゃん、ご家族に対する純粋な気持ちです。

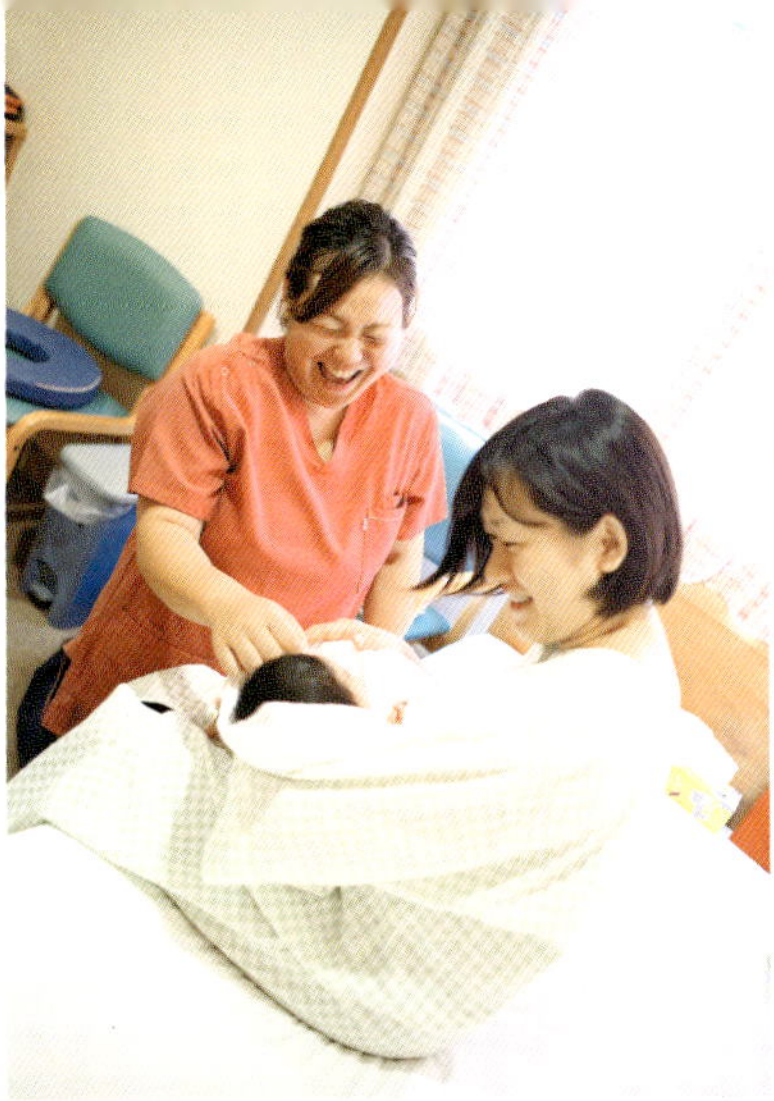
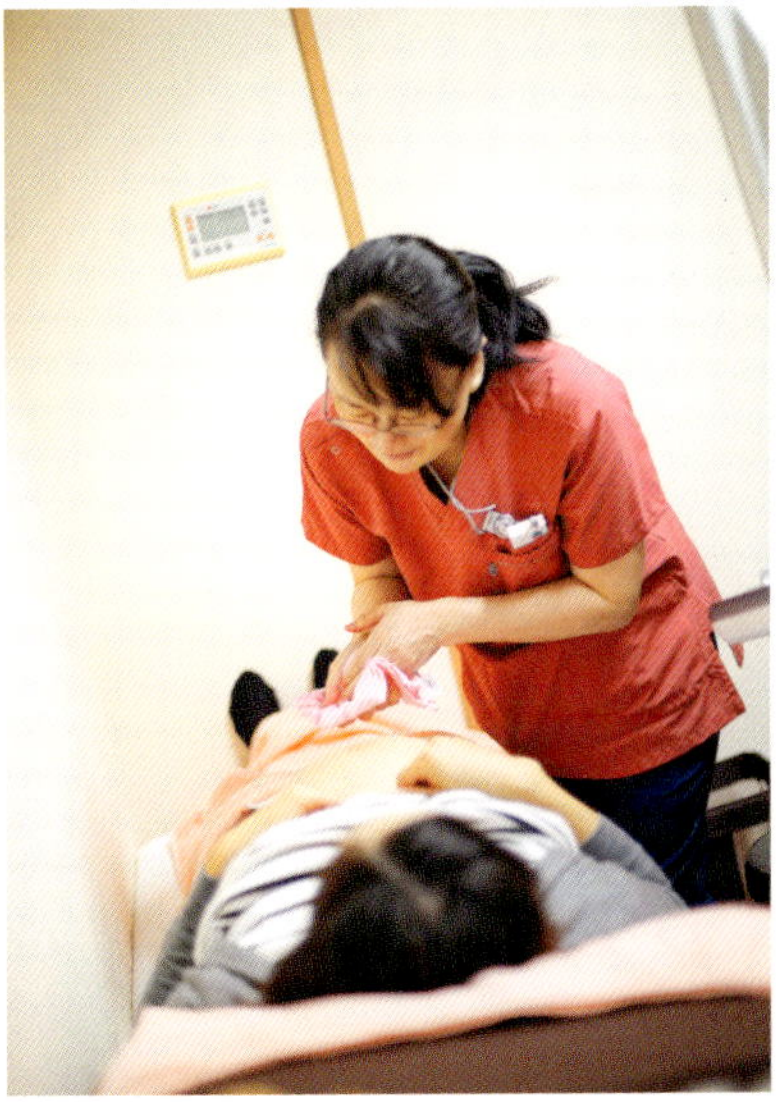

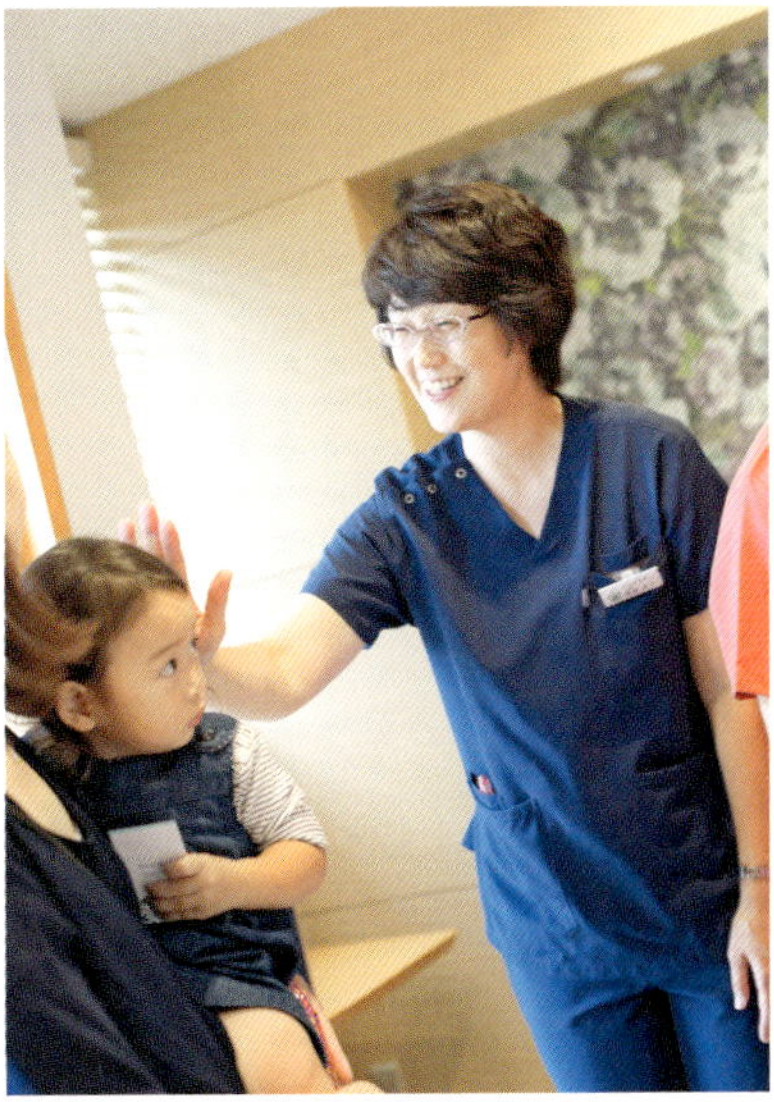
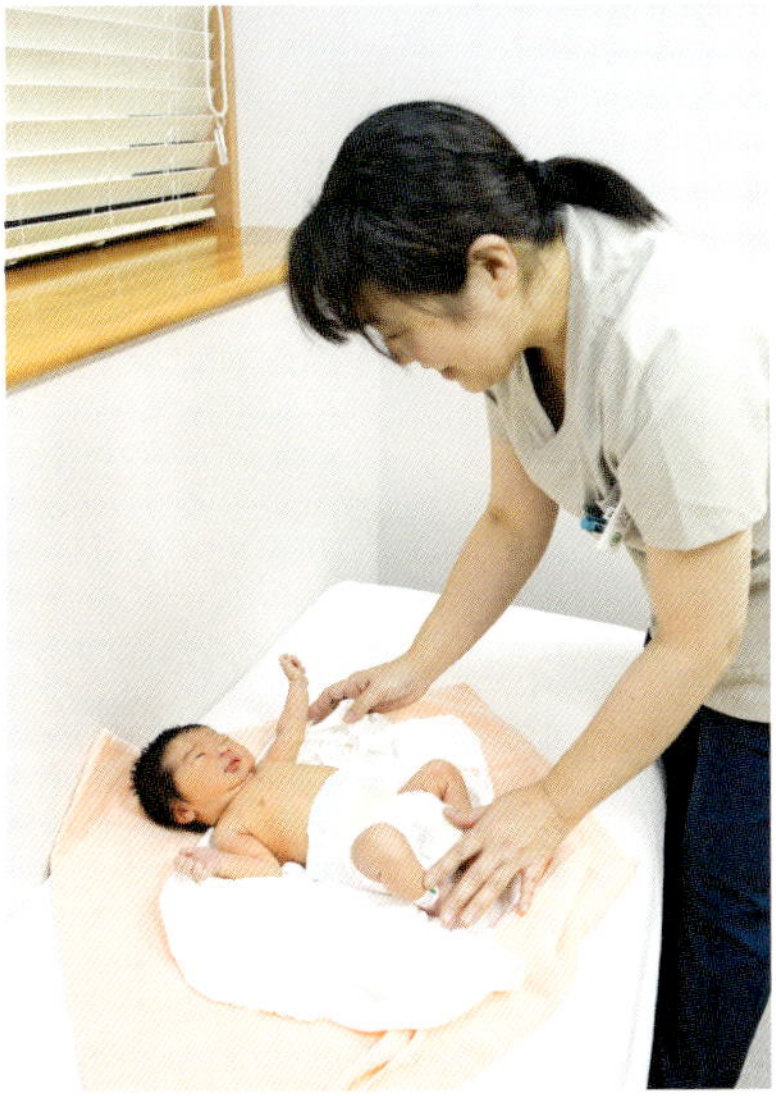

たとえば、「こんなときにはこう声かけする」というマニュアルがあったとして、それはそれで適切だったとしても、声を発する側に気持ちがこもっていないと相手にはまったく響きません。心から出た本当の言葉には敵わないと思うんですよね。ですから、いざ出産というその瞬間の「さあ、赤ちゃんに会いに行きましょう！」という言葉も、冷静に文字面だけを見たらなんともキザで気恥ずかしいものですが、そのお母さんにずっと寄り添いサポートしてきた助産師からあふれ出た言葉だから、お母さんの気持ちを奮い立たせることができたのだと思います。「気持ちに寄り添う」とはよく聞かれますが、相手の視点から本当の意味でそれを実現することって簡単ではないはずです。けれど私もスタッフも、そうありたいと率直に願っています。

お母さんと密にかかわる医療スタッフだけでなく、お母さんやご家族を最初にお迎えする受付スタッフ、お母さんたちの母乳育児の源になる評判の食事をつくってくれる厨房スタッフ、入院中のお母さんたちの身のまわりのお世話をする病棟アシスタント、院内を気持ちの良い環境に整えてくれるクリーンスタッフ、お産の疲れを癒すサポートをしてくれるエステティシャン、だれが欠けても当院におけるホスピタリティの実践は成立しません。一五年という年月をともに歩んできてくれたスタッフには、感謝の気持ちでいっぱいです。

OMIYA HAYASHI CLINIC

住まいの地域（区や町など）
産に向けての意気込み
など、お聞きになってください。
後ほど1分くらいで
相手の方を
紹介していただきます。

この地で受け継がれてきた大切なもの

父の代は、昔ながらの産婦人科医院という感じで、ご近所の皆さんとのおつきあいのなかで支えられていたそうです。子どもの頃は家族で街に出ると、小さなお子さんを連れたお母さんが父のもとにやってきて、「先生、こんなに大きくなりました」とうれしそうに話してくださるシーンを何度も見てきました。それに、入院しているお母さんたちのお食事は、ご近所のおばちゃんたちがつくりに来てくれたり、母も厨房に立つことがあったそうです。なにしろ両親そろって面倒見がよく世話好きで、お客さんをもてなすのが苦にならないタイプでしたので、今になって思うと、「ホスピタリティ」という言葉こそ掲げていなかったにしろ、それに通じる考えで医院を営んでいたのではないかなと思います。

そうした歴史を積み重ねてきたからか、ありがたいことに、父が現役時代に取り上げた赤ちゃんが、今度はお母さんになって当院に来られるというケースが珍しくなく、お母さんたちはご自身のお母さん（つまり赤ちゃんのおばあちゃん）に勧められて当院を選んでくださったという話をうかがいます。そんなとき、おばあちゃんと父とで、懐かしそうに昔話に花を咲かせている光景を目にすると、私は「なんだかいいなあ」と目を細めています。苦労はたくさんありますが、この場所でお産のお手伝いができている日々に感謝し、可能なかぎり、この歴史を重ねていきたいと考えています。

あとがき

それぞれの場所で、あなたらしい出産を

お産は命がけ？

昔、ほとんどの赤ちゃんが自宅で産まれていた時代、「お産は命がけよ」と言われていました。それから数十年の年月を経て、今ではほとんどの赤ちゃんが分娩施設（病院、有床診療所など）で産まれるようになりました。先人たちの努力による医療の進歩の結果、お産に関連して命を落としてしまうお母さんや赤ちゃんの数の少なさは、先進国のなかでトップクラスとなっています。

このような時代に、「お産は命がけよ」と思っている人は果たしてどれほどいるでしょうか。無事にお産を終えて、お母さんも赤ちゃんも一緒に退院するのがあたりまえと思っている人が大多数なのではないかと思います。しかし、いくら医療が進歩しても、出産は女性の体にとって大きな負担を伴うイベントだということに変わりはありません。

妊娠二二週（六か月半ば）～生後七日までの期間のお母さん（妊婦、産婦、褥婦）、赤ちゃん（胎児、新生児）を取り巻く周辺の医療のことを周産期医療といいますが、周産期医療では「ノーリスク」という言葉は使いません。代わりに「ローリスク」「ハイリスク」という言葉を使います。リスクにも様々なものがあり、ローリスクなのかハイリスクなのかという評価の観点も様々です。

妊娠・出産にかかわる医療の仕組み

ところで、分娩施設は大まかに言うと、一次施設と呼ばれる当院のような「有床診療所（入院設備のあるクリニック）」、二次施設と呼ばれる「地域周産期母子医療センター」、三次施設と呼ばれ各々の地域の周産期医療の最後の砦《とりで》となる「総合周産期母子医療センター」に分類されます。当然のことながら、われわれ一次施設で担当するのはローリスクの妊婦さんですが、たとえば妊娠週数の早い時期にローリスクと評価されて一次施設にかかっている方でも、「あなたは絶対に大丈夫、なんの心配もありません」とはだれにも言えません。妊娠に伴う体への負荷がお母さんの体調に変化をもたらし、妊娠中、あるいはお産後に、高度な医療が受けられる施設への転院が必要となる場合もあるのです。

海外の先進国では、地域ごとにバースセンターと呼ばれる施設があり、その地域のお産がそこに集約するため、一つの病院で年間数千～二、三万件の出産を取り扱います。日本では、伝統的な独自のお産文化と言いましょうか、現在でも約半数の赤ちゃんが当院のような有床診療所で産まれています。なぜ、設備面でもマンパワー的にも充実している病院（地域周産期母子医療センターや総合周産期母子医療センター）ではなく、有床診療所での出産を希望される方が多くいらっしゃるのでしょうか。ご自分あるいはご主人が産まれたところだから、アットホームな雰囲気が気に入ったから、近所で通いやすいから、上のお子さんを出産に立ち会わせたいから、食事がおいしいと評判だから、母児同室で母乳育児をがんばりたいから――、理由は一人ひとり違いがあると思いますが、こういったリクエストに細やかに小回りをきかせて対応できるのが、有床診療所の持ち味です。しかしそれは、お母さんや赤ちゃんの状態になにか変化が起こり、専門的な治療が必要となった場合に受け入れてくださる病院の後ろだて、地域の医療体制があってこそ可能になることです。

一方で、ローリスクの方が皆さん病院での出産を希望されたら、病院のベッドはたちまちキャパシティオーバーになり、スタッフの方も今以上にオーバーワークになって疲弊してしまうでしょう。本来担うはずの、より専門性の高い医療を必要とするハイリスクの妊婦さんの治療に手が回らなくなってしまうかもしれません。

このように周産期医療は、一次、二次、三次の医療施設が地域の実情に合わせて綿密に連携をとりながら、新しいいのちの誕生のお手伝いをさせていただいている、というのが現状だと思います。

今皆さんがかかっている、あるいは将来かかろうと考えている産院や病院の形態は様々で、状況も各々異なることと思います。出産場所をどこにするかというのは大切なことですので、ご家族とよく相談されてお決めになってほしいと思います。

この本では、主として私が現在営んでいるクリニックでのお母さんたちとの出会いのなかで積み重ねてきたことをお話しさせていただきました。皆さんが今どのような環境にあっても、この本が、妊娠・出産に向けたなんらかのヒントを得ていただく機会になればと、切に願っています。

追伸

お父さんたちへお伝えしたいこと

この本の最後に、一人の父親として、そして産科医として、お父さんたちへのお願いをお伝えしようと思います。

「父親」と「産科医」のはざまで

私には息子が二人いますが、恥ずかしながら、息子たちの育児はほぼ百パーセント妻に任せきりでした。言いわけになりますが、息子たちが産まれた当時、私は大学病院に勤務していて、多いと月の三分の二くらいは当直勤務で自宅に帰れず、当直ではないときも、日付が変わる前に帰れればラッキーという勤務状況でしたから、帰宅しても子どもたちの寝顔を見ることしかできませんでした。たまの休日に家族で外出した先で急な呼び出しがあり、妻と子どもたちを残して私だけ先に帰らなければいけなかったり、そんなことが多々ありました。

ですから今になって残っているのは、もう少し時間をやりくりして、少しでも育

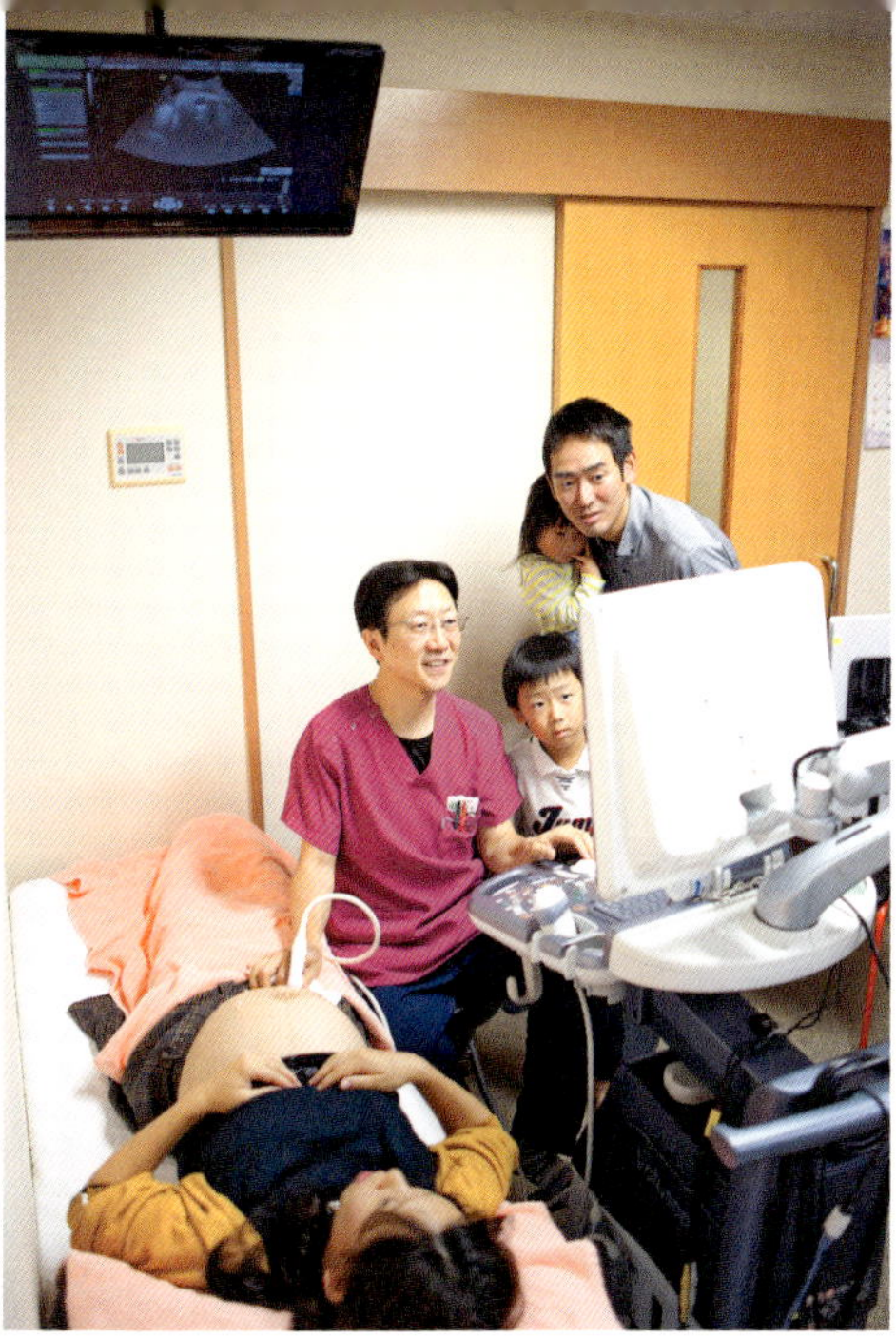

児をしておけばよかったという後悔です。産科医という仕事は間違いなくやりがいがあって、私にとって非常に大切なものですが、一方で、別の生き方をしていたらどうだったんだろう、子どもたちともっと一緒の時間を過ごせたのかな、なんて思ったりもします。実際に自分にどれだけのことができたかは別として、育児をまったく経験していないことがもったいなく、申しわけない気持ちです。それだけ子育てというのは、なにものにも代えがたいすばらしい体験だろうと思うのです。

「手伝おうか？」ではダメです

育児をしてこなかった私が言うのはとても心が痛むのですが、自戒の念を込めながら、ここからは産婦人科医の立場からお父さんたちにお話しさせてください。

ある学会に参加した際、芥川賞作家の川上未映子さんに出産や子育ての体験についてお話をうかがう機会を得たのですが、お母さん側の率直な思いになるほどと思わされることばかりでした。講演のもととなった『きみは赤ちゃん』という著書を読むと、お母さんたちは、私が想像する以上に、世間一般の「母はこうあるべき」というプレッシャーを感じていて、孤独感を覚えていることを認識しました。

この頃では、出産後も仕事を続けるお母さんが増えていて、共働きのご家庭が増えています。そんななか、世間では「イクメン」という言葉がすっかり浸透し、お父さんが積極的に家事や育児を担うケースも増えてきています。それでもなお、育児はお母さんがするのがあたりまえという考え方もまだまだ根強くあると思います。

赤ちゃんが産まれるやいなや育児が始まり、お母さんは二四時間ずっと赤ちゃんのお世話をしている。睡眠時間を削って授乳しておむつを替えてと、一生懸命に育

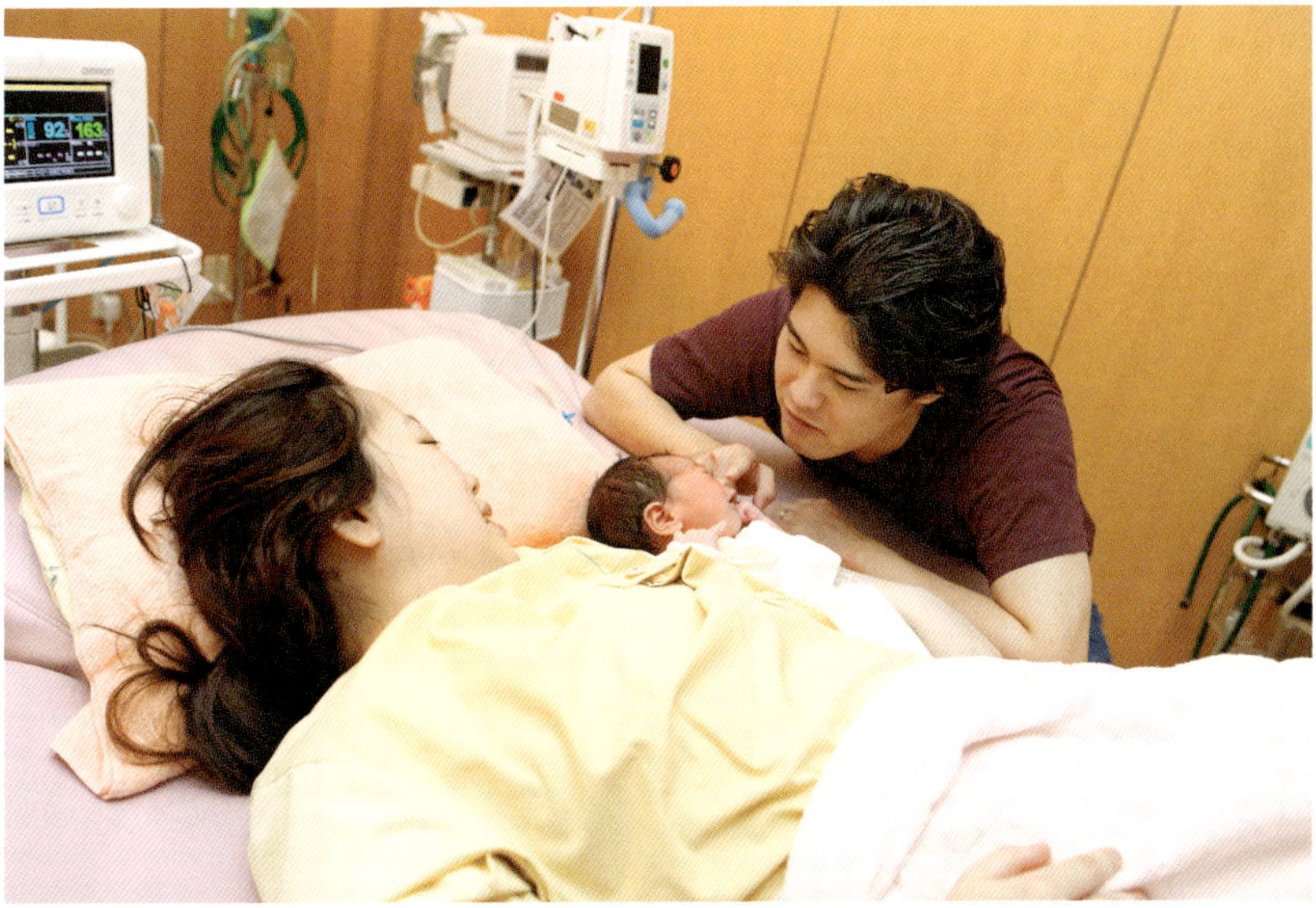

児をしていても、それが当然だと思われてしまう。外に働きに出るよりも、家で家事や育児をしているほうが楽だと思われる。仕事と違って育児に休日があるわけでもない。出産すれば母乳があたりまえのように出てきて、だれもがあたりまえに「母親」になるものだと思い込んでいる人がいる。――これではがんばっているお母さんは報われませんよね。根性論のような考え方でお母さんを縛り付けて、精神的に追い詰めてもだれも幸せになりません。

お父さんは仕事を終えて肉体的にも精神的にも疲れていたとしても、お母さんだって同じように疲れているのですから、家事でも育児でも、協力し合うという気持ちをお互い大切にしてほしいと思います。「手伝おうか」と尋ねるより先に、まずは体を動かしてみませんか？　ただし、「オレってイクメンだよね」という態度を前面に出しすぎるのは禁物です。たいしてやってないのになによと、余計な火種をつくってしまうかもしれませんから。気持ちはとてもよくわかりますが、そこは控えめにいきましょう。

お母さんのつらさに、だれよりも早く気づいてください

女性は妊娠すれば、日々体が変化していくのを感じながら、だんだんとお腹の重

みが増し、身をもって赤ちゃんがいることを実感しています。ですが当然ながら、お父さんはそういうわけにはいきませんよね。

出産後は女性ホルモンの変化が大きく、精神的に不安定な背景があるところに、二四時間態勢の赤ちゃんのお世話という肉体的な負担、慢性的な寝不足が加わります。お父さん以外にサポートしてくれる方がいない場合にはなお、お母さん一人にのしかかる育児のストレスが増してしまいます。

待望の赤ちゃんを腕に抱いた、本来であれば幸せいっぱいのはずのお母さんが、つらくて苦しいとき、表情や言動の変化にいち早く気づくことができるのは、身近にいるお父さんです。寝る前の少しの時間に話を聞くだけでお母さんは気持ちが落ち着くかもしれません。お母さんにとっては不安や愚痴を吐き出す相手がいることで気持ちが楽になる面もあるかもしれません。休みの日は、一時間でも二時間でも、「赤ちゃんを自分が見ているから友だちとランチにでも行ってきたら」なんて、声をかけてみてください。ちょっとでも休息の時間がもてれば、お母さんもリフレッシュできて、またがんばれるんじゃないかなって思うんですよね。しかしそれだけでは解決が難しい場合は、お産された施設またはお住まいの市区町村の保健センターの相談窓口に連絡してみてください。必ず力になってくれるはずです。

お母さんが精神的に安定しているということは、育児においてとても大事なことです。お母さんといつも一緒に過ごしている赤ちゃんは当然、お母さんの顔を見て成長するわけですから、お母さんが穏やかな気持ちで笑顔でいられれば、赤ちゃんの心も穏やかになって、健やかな成長につながるはずだと、私は信じています。

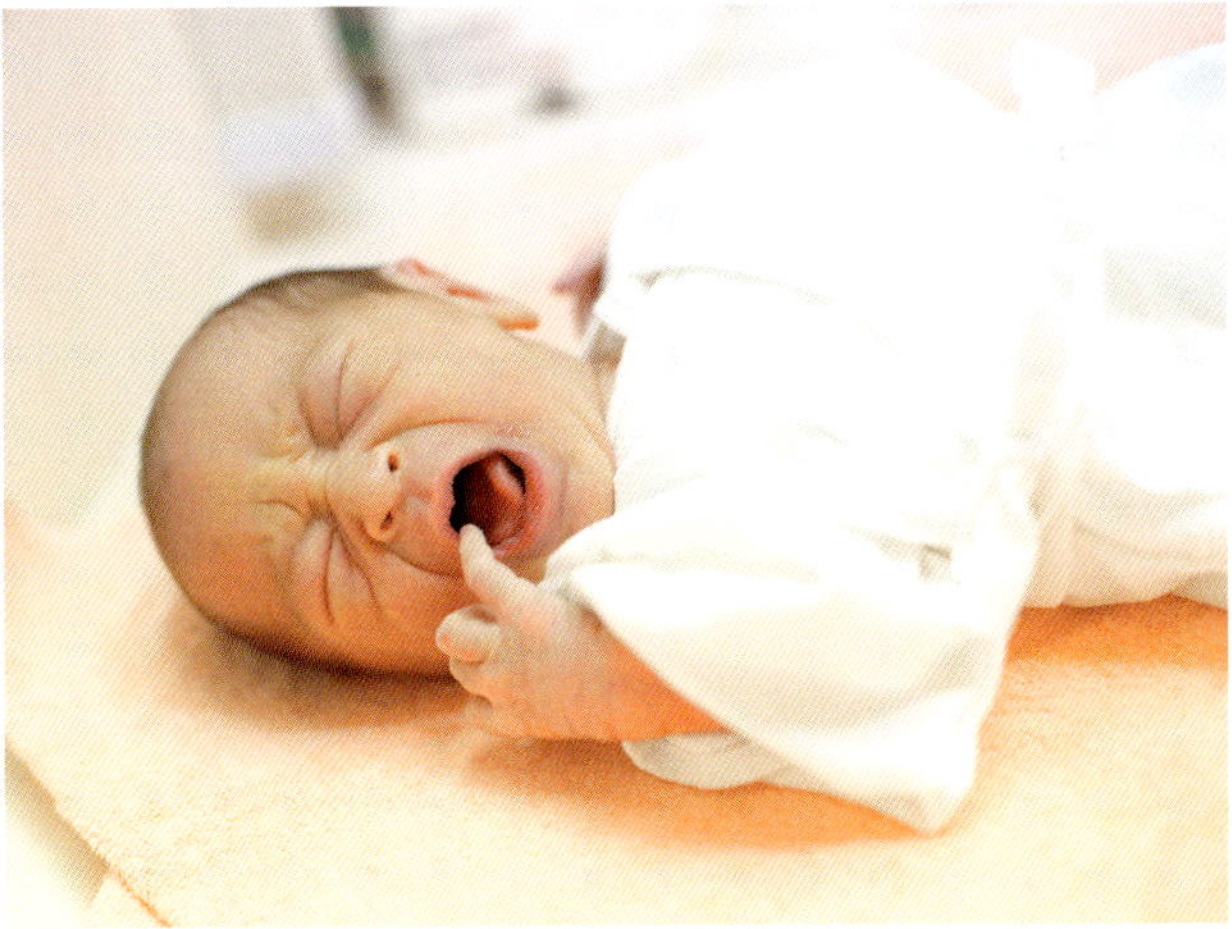

謝辞

ここまでの道程に大きな影響を与えてくださった皆様との出会い、ご縁に感謝いたします。

木下勝之先生　公益社団法人日本産婦人科医会会長、順天堂大学医学部産婦人科学講座客員教授、成城木下病院理事長

一医学生に過ぎなかった私に、産婦人科医としての仕事の魅力を教え、産婦人科医の道へと導いてくださいました。医師である前に一人の社会人としての姿勢、心構えを説き、いつも温かいまなざしで見守ってくださいました。

竹田省先生　順天堂大学医学部産婦人科学講座特任教授、埼玉医科大学総合医療センター産婦人科客員教授

産婦人科学という学問に対する果てなき探究心と情熱を携え、熱血指導の厳しさのなかにも愛情をもって、「患者様のためには労をいとわない」という姿勢を教えてくださいました。

故・松永昭先生　日本ソフロロジー法研究会初代会長

ソフロロジー法を日本に導入されただけでなく、産前教室（母親教室）を日本人により合ったわかりやすい方法に再構築され、幸運なことに直接ご指導いただく機会を得ることができました。

森本紀先生　日本ソフロロジー法研究会会長、オークリニックフォーミズ病院院長

ソフロロジー法のメリットを科学的なアプローチからも実証され、そうした実践に基づく最新の知見を踏まえ、今なおご指導いただいています。

田邉良平 先生

日本ソフロロジー法研究会常任理事・達成度向上委員会委員長、医療法人虹心会たなべクリニック産科婦人科院長

当院でのソフロロジー法導入にあたり、佐賀県唐津市にある先生のクリニックでの実地研修を受け入れてくださり、基礎から実践までていねいにご指導いただきました。いつも穏やかで懐の広い先生のお人柄、人間力に魅了されています。

故・橋本保雄 先生

ホテルオークラ元副社長、NPO法人日本ホスピタリティ推進協会（JHMA）初代理事長

伝説のホテルマンと言われ、迎賓館での天皇陛下や国賓のアテンドを務められ、政財界、芸能界など幅広い交友関係をおもちの著名なホテリエでありながら、お目にかかるといつも気さくに話しかけてくださいました。ホスピタリティという世界観を教えていただきました。

力石寛夫 先生

トーマス アンド チカライシ株式会社代表取締役、NPO法人日本ホスピタリティ推進協会（JHMA）特別顧問、経済産業省おもてなし経営企業選選考委員長（2012〜2014年）、一般社団法人日本のこころSoul of Japan代表理事

約四五年前、日本ではまだ「ホスピタリティ」という言葉がまったく認知されていなかった時代から、ホスピタリティの普及に努められた日本における第一人者です。先生のご著書『続ホスピタリティ』（商業界、二〇〇四年）では当院での事例をご紹介いただき、大変光栄に思っております。

紙面の都合上、ほんの一部の方をご紹介させていただきましたが、これまでお世話になったすべての諸先輩方との出会いなくしては、現在の大宮林医院は存在し得ません。そしてなにより、出産場所に当院を選んでくださるお母様・赤ちゃんとのご縁を大切にし、苦労をともにしながらも日々真摯に向き合ってくれているすべてのスタッフと、陰ながら支えてくれた大切な家族に、心から感謝の意を表します。

林 正敏

ソフロロジーをもっと知りたい方へ

ソフロロジーで出産をご希望の場合は

- お近くのソフロロジー分娩実施施設を以下のホームページで確認できます
  日本ソフロロジー法研究会ホームページ http://www.sophrology.jp/link.html

おすすめの書籍

- 『最新版ソフロロジー出産 DVD つき』森本紀著，主婦の友社，2017 年.
- 『フランス発の超・出産法「ソフロロジー」なら出産の不安が喜びに変わる』松永昭著，現代書林，2005 年.
- 『わたしがあなたを選びました』鮫島浩二著，植野ゆかり絵，主婦の友社，2003 年.
- 『21 世紀のポジティブ出産法；ソフロロジーのすすめ』松永昭著，文芸社，2002 年.

おすすめの DVD

- 『おかあさんスイッチ　ソフロロジー教室』
- 『おかあさんスイッチ　ソフロロジー教室　母親学級ライブ編』
  いずれも医療法人虹心会たなべクリニック産科婦人科のホームページ（http://www.tanabeclinic.com/sophrology/learn.html）から注文できます

ソフロロジーの音楽の入手方法

- ソフロロジー分娩のイメージトレーニング用の BGM やテルプノスロゴス（妊婦さんをリラックスに導く語り）が収録された CD を、株式会社ソフロメディカルサービスのホームページ（http://sophromed.jp/publications/cd-dvd-taperecorder-video.html）から注文できます
- イメージトレーニング用の BGM は、音楽配信サービスからデータのダウンロードが可能です（Amazon デジタルミュージック、Google Play ミュージック、iTunes Store など）。「ソフロロジー」で検索してください

参考文献

1）松永昭：フランス発の超・出産法「ソフロロジー」なら出産の不安が喜びに変わる，現代書林，2005 年.
2）松永昭：21 世紀のポジティブ出産法；ソフロロジーのすすめ，文芸社，2002 年.
3）岡村博行：母性を育む；ソフロロジー式出産と母乳育児，日本評論社，2002 年.
4）ジョルディ・ルビオ・イ・カルネ，エリザベット・ラウル著，松永史子訳，森本紀ほか監修：ソフロロジー学，日本ソフロロジー法研究会，2016 年.
5）森本紀：最新版ソフロロジー出産 DVD つき，主婦の友社，2017 年.
6）橋本保雄：感動を創るホスピタリティ，ゴマブックス，2001 年.
7）力石寛夫：ホスピタリティ；サービスの原点，商業界，1997 年.
8）力石寛夫：続ホスピタリティ；心、気持ちを伝えるコミュニケーション，商業界，2004 年.
9）ミシェル・オダン著，大田康江訳，井上裕美監訳：お産でいちばん大切なこととは何か；プラスチック時代の出産と愛情ホルモンの未来，メディカ出版，2014 年.
10）シャスティン・ウヴネース・モベリ：講演録 母性を導くオキシトシンホルモン（前編，後編），助産雑誌，320-325，68〈4〉，432-437,68〈5〉，2014.
11）田中裕之：β - エンドルフィン；産痛の解明とケア，助産婦雑誌，51(9)，1997.
12）川上未映子：きみは赤ちゃん，文藝春秋，2014 年.

著者略歴

林 正敏　Masatoshi Hayashi
医療法人 大宮林医院　理事長・院長、医学博士
ソフロロジー式分娩法認定上級指導医、NPO法人 日本ホスピタリティ推進協会（JHMA）認定ホスピタリティ・コーディネータ

1993年、埼玉医科大学医学部を卒業後、同大学総合医療センター産婦人科に勤務。2000年、同大学総合周産期母子医療センター母体・胎児部門勤務。2002年12月、副院長として大宮林医院に着任し、クリニックの運営に携わる。当時休止していた分娩を再開させる。2012年12月より現職。
実生活では２人の息子（大学生、高校生）の父。地元・大宮をこよなく愛し、大宮アルディージャの熱烈なサポーター。趣味はランニング、旅行（大学時代は友人と２人でバックパッカーとして欧州を周遊した経験も）。コーヒーとスイーツに目がない。お酒は大の苦手。

大宮林医院ロゴマーク

●編集・構成／鈴木詠子、北島直子（株式会社ミーツパブリッシング）
●デザイン・イラスト／橘田 望　●写真／曳野若菜
●DTP／株式会社明昌堂　●校正／株式会社鷗来堂

「母性スイッチ」で最高の出産を
—ソフロロジーが導く安産と幸せな育児—

2018年4月28日初版発行

著　　者　林 正敏
発 行 人　岡 聡
発 行 所　株式会社太田出版
〒160-8571 東京都新宿区愛住町22 第三山田ビル４階
Tel 03-3359-6262　Fax 03-3359-0040
http://www.ohtabooks.com/
印刷・製本　中央精版印刷株式会社

ISBN978-4-7783-1608-2 C2077